# 以门店思维打造餐饮品牌

龙尧 · 编著

電子工業出版社
Publishing House of Electronics Industry
北京 · BEIJING

图书在版编目（CIP）数据
入口：以门店思维打造餐饮品牌 / 龙尧编著. —北京：电子工业出版社，2021.4
ISBN 978-7-121-40887-8
Ⅰ. ①入… Ⅱ. ①龙… Ⅲ. ①饮食业－品牌战略－研究 Ⅳ. ①F719.3
中国版本图书馆CIP数据核字（2021）第055131号

责任编辑：王薪茜
印　　刷：涿州市般润文化传播有限公司
装　　订：涿州市般润文化传播有限公司
出版发行：电子工业出版社
北京市海淀区万寿路173信箱　　邮编：100036
开　　本：880×1230 1/32　印张：6.875　字数：220千字
版　　次：2021年4月第1版
印　　次：2023年5月第4次印刷
定　　价：79.90元

凡所购买电子工业出版社图书有缺损问题，请向购买书店调换。若书店售缺，请与本社发行部联系，联系及邮购电话：（010）88254888，88258888。

质量投诉请发邮件至 zlts@phei.com.cn，盗版侵权举报请发邮件至dbqq@phei.com.cn。

本书咨询联系方式：（010）88254161～88254167转1897。

# 序言 Preface

从事品牌策划和品牌创建工作以来，感触最深的就是在“真话与真理”之间的纠结，很多客户不理解这二者的差异，往往希望品牌策划人是救世神医，能药到病除，所以无论合作的客户还是本书的读者，我都有义务告知，对于一个有志向做品牌策划的人来说，只能确保说“真话”。

做品牌需要一定的天赋，品牌成立的基础来自品牌策划人对商业的“嗅觉”，也就是业内人常说的“洞察力”，“嗅觉”决定了一个品牌策划人的专业造诣。如果想要形成一个完整的提案或一套方法论，就需要有极强的逻辑思维和说服力。所以说，是否具有说服力也是一个品牌策划人能否成功的关键因素。

整个品牌策划行业百花齐放，百家争鸣，但不论品牌策划人还是客户，都应该对“嗅觉”保持最原始的冲动，不要盲目追求“真理”，而要认真聆听“真话”。

本书将系统地说明和讲解“嗅觉”和“说服力”，将知尖多年来的实践成果与经验分享给大家，帮助大家更加清晰地了解餐饮品牌的走向，从而规避一些风险。

本书所呈现的观点和案例，是团队协作的智慧结晶，借此机会呈现给广大读者朋友，如有不尽之处，希望各位多多指正。

# 目录 Contents

**第一章　品牌与消费习惯　001**

1　品牌就是工具　002

2　消费习惯在品牌中的运用　003

案例 | 方乐多·方披萨

3　消费习惯的塑造　014

**第二章　入口之品牌认知　017**

1　认知的概念　018

2　认知建立的基础——价值　021

案例 | 食气小厨

3　认知建立的基础——结果可视　026

案例 | BMS Organics 蔬事

4　认知建立的基础——心理暗示　034

5　认知强化——视觉呈现与设计　037

案例 | 饭太尉、降龙爪爪

**第三章　入口之打造品牌 IP　057**

1　品牌形式入口——IP　058

2　品牌 IP 化核心要素　067

案例 | 功夫猫

3　用 IP 重塑传统行业　078

案例 | 柴主便利店

**第四章　餐饮品牌之战　085**

1　品类选择即战场选择　086

案例 | 不贰月水煎肉

2　餐饮价值再塑造——战略　091

案例 | MAYS 蔓莳

3　核心战术——产品　096

4　核心战略——产品模式创新　098

案例 | 哈豹

5　核心战略——产品场景创新　106

案例 | 中艾之家

6　品牌名称的战略　113

7　品牌护城河——名称保护品牌差异化　115

案例 | 炙度

8　品牌创新——寻找未来的餐饮机会　119

**第五章　品牌战地——门店及体验设计　123**

1　认清客户群　124

2　树立门店思维　126

3 打造门头及菜单 128

4 扩大消费场景 130

案例 | 盛唐烧

**第六章 品牌策划与品牌设计案例 139**

1 左庭右院 140

2 牛务派 156

3 小白菜 169

4 本草膏集 176

5 兜兜包 182

6 洪门酱酒 190

7 蒙斯莫吉托 194

**第七章 知尖的工作方法 201**

1 向事学习的能力 202

2 知尖的说服力模型 204

**致 谢 207**

# 第一章

# 品牌与消费习惯

# 1 品牌就是工具

## 品牌是帮助消费者做出选择的工具

在讲解餐饮品牌创建和行业整体走向之前，必须跟大家讲解一下品牌的概念。在商业实战过程中，很多品牌方甚至品牌策划人并不理解什么是品牌，其中最常见的观点是做品牌就是做文化，品牌即信任，品牌即符号等。如果我们不清楚什么是品牌，就没办法了解如何去创建品牌。

品牌是商业交换的必然产物，从卖产品到卖品牌是一个很自然的过程。当某个产品需求量与交易量增大，就会有越来越多的供应商加入市场，当消费者无法从产品和价格这两个基本信息做出选择时，品牌就诞生了。所以说品牌就是一个工具，是一个帮助消费者做出选择的工具。

消费者是基于习惯和认知判断进行选择的。因此，品牌若想让消费者选择，就要从消费习惯和认知角度来着手。

## 2 消费习惯在品牌中的运用

案例 | 方乐多·方披萨

如何在品牌中运用消费习惯？给大家举个具体的例子，“今年过节不收礼，收礼只收脑白金”，也许很多人都不知道脑白金是什么，能提供什么产品体验，但在走亲访友时能自然而然地想到它，这就是典型的消费习惯培育手法。无须让消费者形成认知，而是通过简单的信息，将产品与消费情景直接关联，通过高频信息的出现，让消费者形成消费联想，从而形成消费习惯。值得注意的是，消费习惯的形成除了需要相对高的营销成本，还具有一定的适用范围。

消费习惯主要适用两种情况，一种是旧产品的新消费习惯，另一种是新产品的旧消费习惯。

同时在打造消费习惯的时候，必须将产品和消费情景进行关联，因为使用高频广告的方式进行推广成本较高，如果没能将产品植入，推广效果就会大打折扣。但并不是所有新产品搭配旧消费场景就可以促进消费，这并不是一个万能公式，最重要的还是要具备洞察能力，通过对新产品和旧消费场景的重新搭配，解决消费中存在的问题，这才是有效的消费情景的塑造方法。

当然，品牌并不只是消费情景，它由核心成分、独有的造型、消费习惯三部分组成。如果我们把品牌比作扳手工具，其核心成分就是扳手的材质——铁。独有的造型就是品牌的设计和视觉呈现。消费者的消费习惯，则类似于扳手的力臂原理。

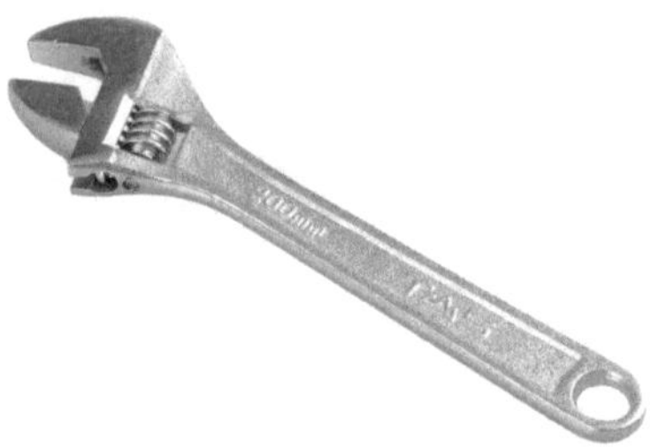

这样就能非常形象地展示什么是品牌和品牌的构成，一个扳手的使用效果取决于力臂的设计，一个品牌的核心就是消费习惯重构带来的品牌价值，它能迅速地帮助消费者做出选择，从而形成品牌的“入口”效应，这个“入口”也包含了客户重复购买的习惯。

举一个例子，让大家能够更加清晰地了解品牌这个“工具”的重要性。2017 年，我们受广州客户的邀请，策划一个比萨品牌。客户是当地有名的餐饮人，其产业涉及餐饮、运输、金融等多个领域，由于客户的餐饮业务主要是给广州众多茶餐厅供应烘焙产品，所以他们的产品标准化及供应能力具有很大优势。

起初客户在比萨和菠萝包两个品类上摇摆不定，通过不断地沟通与研究，客户最终采纳了我们的建议，将品类确定为比萨。但问题来了，整个比萨行业处在下行状态，产品同质化非常严重。行业老大必胜客、单品王者乐凯撒和以线上销售模式为主的尊宝比萨，每条赛道都被占据着，并且都已形成了品牌。对于一个新品牌来说，怎么帮助消费者去做选择？怎么形成工具，形成入口效应？是我们需要解决的问题。

我认为无论是做地道的意式比萨，还是研发一个媲美榴莲比萨的水果比萨，或是打通线上线下销售渠道，大量开设店面都不是最好的选择，这几个方向的可行性差、成本高，且与客户的优势偏离得非常严重，因此与其花高成本循规蹈矩，不如换种思路另辟蹊径。

在餐饮界，“与其更好，不如不同”才是制胜王道。这个时候我们应该打开对商业的“嗅觉”，策划一个完善的方案。

比萨口味丰富，深受女生和儿童喜欢，不论是坐在店里吃还是在家里吃，其消费习惯都已经固定，那有没有可能调整一下？吃比萨的时候是不是有一些让人难受的地方，或者比萨有没有别的用途？答案是肯定的，比萨总是让人处于吃不饱或吃太饱之间。那么如何改善？如果做不同尺寸的比萨，客户会因为这个因素而选择我们吗？应该很难，这个入口效应是薄弱的。而吃太饱和吃不饱的前提是什么呢？是你把它当作一个正餐，从而对饱与不饱形成了一个预设，才会得出这样的结论。那可以不把比萨当作正餐吗？当然可以，就我个人而言，我切实感受到士力架的厉害，虽然我不喜欢甜食，但是我时常购买它，因为我是个容易饿的人。当其他的同类品牌在说爱情、皇家等标签的时候，就给士力架让出了一个很大的空间。

爆品，是天时地利人和的产物，不是人人都可以效仿的。我们也很难在价格、配送上优于其他同类品牌，但是我们可以重构消费者的习惯，谁规定一定要把比萨当正餐卖呢？有那么多容易饿的消费人群存在，因此我们提出了“抗饿、解馋”的概念。做情调不一定行，但标准化、快速是品牌方的产品优势，这个观点与客户一拍即合。

在品牌运营中重构消费者的习惯，相当于选择新的赛道。产品结构如何设定？产品支撑如何做？这些都是摆在我们面前的艰巨的问题。要实现品牌保护和产品支撑，对于餐饮业来说商标化是最有效的手段之一，所以要将品类商标化。我们要实现“抗饿、解馋”的目标情景，需要有相应的产品做支撑。“抗饿、解馋”不仅改变比萨的消费场景，还能实现品类消费“调频”，使比萨的消费频率调高。换句话来说，就是把比萨餐饮零售化。然而在零售的消费场景中，我们应该注意缩小店面，保留少量餐台，尤其要重视产品的陈列展示。

比萨一般为多人共同食用的餐饮产品，如果要实现零售的情景，就必须改变这个特点，改变其呈现形式，必须考虑方便拿放、方便食用、满足边走边吃的需求。因此，我们把产品优化成单人可食的份量，让消费者随时随地都可以自由食用，这是实现品类消费“调频”的关键因素。

整个市场都在做圆比萨，我们则选择做方比萨，从而让消费者快速形成差异化的认知。我们将品牌名称与品类进行关联，使品类商标化，为消费者传递独特的品类特点。我们将品牌取名为“方乐多”，并以“方”作为核心视觉元素来塑造品牌形象。在视觉呈现上，我们有两个方向，一是采用四个 IP 形象呈现欢乐的气氛，二是采用符号化进行表达。

（注：文中的方乐多·方披萨为品牌名称，本文描述采用《现代汉语词典》中所记录的“比萨”。）

## 方乐多·方披萨

**品类**

方比萨

**广告语**

一口，喜方自己

方乐多
一口喜方自己

方乐多
一口喜方自己

FUN LOVE
PIZZA
方乐多
方披萨
一口，喜方自己

方乐多
FUN
LOVE
PIZZA
方乐多

方乐多
订餐电话
808-808-8866
方乐多
订餐电话
808-808-8866

方乐多
方乐多·方披萨
#一口,喜方自己#

方乐多
FUN LOVE PIZZA
一口，喜方自己
营业时间
9:00——22:00

方乐多
方乐多·方披萨
#一口,喜方自己#

方乐多
一口，
喜方自己
FUN LOVE PIZZA
FUN LOVE PIZZA

品牌是帮助消费者做选择的工具，我们可以通过强烈的色彩和符号的撞击，形成极致的视觉感受。单一的文化塑造、超级符号或者信任资产都不能形成消费，将产品要素、独特风格以及相应情景构建起来，才能形成鲜明的入口。

方乐多 方披萨

FUN LOVE
PANTONE
# ffda64
120 C
芝士
Cheeses
PANTONE
339 C
# 00b288
活力绿
PANTONE
# ff4338
Warm Red C
西红柿
Tomato

INFO@CONTACT.COM
JOHN DOE.

不要圆的 我就要方的

PIZZAPIZZAPIZZA
百分百击中你的味蕾

你的眼里只有我
方乐多
方披萨
FUN LOVE
#方披萨,乐享时刻!#

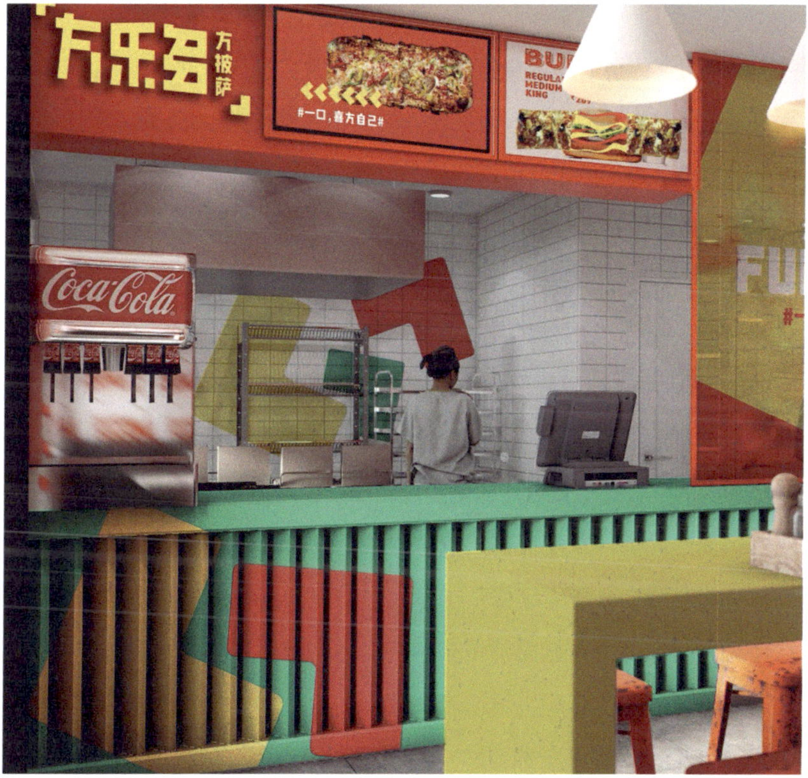

# 3 消费习惯的塑造

消费习惯的塑造在零售行业中应用得非常广泛。通过消费习惯打造品牌的门槛相对来说比较高，需要投入的营销成本也比较高，竞争对手也相对难以模仿。为了更充分地说明这个问题，跟大家分享一下我们服务的一个汽车行业的项目。

道尔孚是变速箱油领域成立非常早的一个品牌，创始人一直从事汽车维修的相关行业，因为传统的变速箱油都是由汽车厂家直供的，没有单独成为一个独立的品类，所以他很早就发现了商机，创立了道尔孚这个品牌。

创始人通过自身资源，以代理的模式，形成了一定规模的市场占有率。但是个人消费者既不知道什么是变速箱油，也不知道什么是道尔孚。随着变速箱油的品类认知度提高，竞争对手也逐渐进入市场。由于道尔孚没有树立起品牌，只能靠维修厂工作人员向个人消费者推荐产品，而维修厂考虑的是如何用更低的价格获取更高的利润，因此道尔孚的市场一直被压缩。

创始人很快就意识到问题的严重性，意识到必须占领个人消费者市场，树立起自己的品牌。但因为没有消费习惯就很难输出认知，所以必须先塑造消费习惯。

消费者很难认知一个全新的事物，因此变速箱油的消费习惯需要有个关联的载体。对于车主来说，这个关联载体是什么呢？通过调研我们发现，消费者在给车做保养的过程中，都知道要换机油，甚至在大部分消费者的认知中，做保养等于换机油。由于维修保养市场自身特殊性，一些新产品很难进入市场。

基于以上情况，我们提出“四次机油，换一次道尔孚变速箱油”的品牌主张。首先，消费者对变速箱有一定的认知，也有换机油的消费习惯，借此来塑造换道尔孚变速箱油的消费习惯是成本最低的方法。其次，只要是规则，人就有天然的服从感和信赖感，而数字是规则中最有说服力的工具。面对消费者对市场和品类缺乏信任的问题，我们借用数字管理的方法，帮助消费者形成认知。一旦我们建立规则，消费者就会担心因“犯规”带来损失，因此很容易让消费者产生止损心理，做出消费选择，而以旧换新就是其中的一种做法。如果一个商品直接优惠没有吸引力，那么以旧换新则会让消费者认为通过这种方式可以降低损失。

根据专业的汽车保养知识，汽车行驶大约 2 万公里就需要换一次变速箱油，行驶大约 5000 公里就需要换一次机油，但我们没有教化这个知识点，而是让其形成一种规则——“四次机油，换一次道尔孚变速箱油”，建立一个新的消费习惯。

习惯的力量非常大，消费者绝大部分的消费行为都是由习惯所做出的，一个品牌如果能占据消费者的某一个消费习惯，则能产生很大的品牌价值，形成入口效应。

# 第二章

# 入口之品牌认知

# 1 认知的概念

品牌是消费者做出选择的工具，是产品、风格、消费习惯的有机整体，其中最重要的是消费习惯，但消费习惯并不是消费者做选择的唯一要素，它只是消费者做出选择的一个重要因素，而消费入口也不一定是消费习惯，比如我们选择某家餐厅，可能是基于其营销方式、用餐环境等因素做出的判断，我们把这些因素统称为认知。

本章我们将着重分析另一个消费入口——认知。认知说起来容易，但要植入到消费者的观念里却是一件非常困难的事情，我们必须面对两个问题，一是如何让消费者自愿将认知植入到自己的观念里，而不产生排斥；二是如何基于品牌认知，让消费者进行认知传播。举一个例子，“广州是一个拥堵的城市！”这个认知是怎么植入到消费者观念里的，又是怎么被传播出去的呢？

## 认知建立的基础——价值

在“广州是一个拥堵的城市！”这个认知里，拥堵这件事与消费者的价值相关，因为消费者与广州这座城市有价值关联，所以他们的脑海中才会产生这个认知。

我们对很多信息视若无睹，是由于这些信息跟我们的价值取向偏离。无论餐饮品牌方强调其服务有多好，上菜速度有多快，只要在价值取向上与消费者有所偏离，这些认知就无法进入到消费者脑海中。

## 认知建立的基础——结果可视

在“广州是一个拥堵的城市！”这个例子中，拥堵是大家真实可见的，所以一定要有可视化的内容展现，因为我们将要传播的是可以量化、感知、视觉化的东西。在这个例子中，认知非常好懂，但在品牌中则容易被大家忽略，最终大家只强调建立认知，却不考虑中间的细节。因此，若想让消费者形成一个认知，就需要向消费者提供可视化的素材。

然而，大多数品牌在消费认知可视化提供上都存在短板，比如有机种植、进口品质等，这些不能让消费者量化、感知的标准，会非常浪费传播成本，因为消费者没有切身的体会和可视化的感受，素材记忆度非常低，所以很难传播。当然，结果可视并非指消费者一定要看到实物，概念可视也是可视化的一种。比如我们在策划重庆海鲜小笼包品牌时，就提出了“包包中的奢侈品”的品牌定位，“奢侈品”就是概念可视化，我们结合产品的特性，让消费者形成认知，并得以传播。

## 认知建立的基础——锚定

锚定在品牌行业也是一个高频词，但我想说的不是一般意义上的价值锚定，而是与旧认知的关联。消费者无法认识一个“天外来物”，所有新的认知都是基于旧的认知形成的，因此，想让消费者形成新的认知，就须巧用旧认知。

旧认知中“情绪”和“偏好”是两个非常重要的元素。人一旦形成认知，必然带有情绪和偏好，如果能够巧用情绪和偏好，便能获得消费者的认可。

## 2 认知建立的基础——价值

### 案例 | 食气小厨

餐饮产业包含产品、服务、环境、体验、营销等多个维度的价值，所以清楚每个餐饮品类的价值至关重要，这是我们塑造品牌认知的首要工作。

| 服务维度差评 | |
|---|---|
| 服务态度差 | 35.5% |
| 服务热情过头 | 18.1% |
| 响应度差 | 13.6% |
| 服务质量越来越差 | 7.5% |
| 服务不主动 | 5.9% |
| 实际服务比预期差 | 5.6% |
| 服务不专业 | 5.0% |
| 服务不够人性化 | 4.4% |
| 服务不周到 | 3.1% |

| 流失原因——服务维度 | |
|---|---|
| 响应度差 | 20.8% |
| 服务热情过头 | 19.6% |
| 服务质量越来越差 | 18.1% |
| 服务差 | 15.2% |
| 服务不主动 | 8.7% |
| 态度差、敷衍 | 5.5% |
| 服务不专业 | 4.6% |
| 特色服务没做好 | 2.6% |

在人事管理理论中，“激励因素”是决定性因素，“保健因素”是辅助性因素，餐饮业的价值也是如此，我们在塑造餐饮价值时，一定要分清决定性因素和辅助性因素。

上页图为零点有数数据科技股份有限公司关于服务维度的调查，在消费者差评维度中，服务态度差占35.5%，服务热情过头占18.1%。在流失原因——服务维度中，服务热情过头占19.6%。那么，是什么原因导致消费者一边觉得服务态度差，一边又觉得服务热情过头的呢？总的来讲，由于品类的差异，消费者的价值序列也不一样，因此被商家看重的服务，有的时候会起到反效果。例如，我们曾承接了广州桃花江集团旗下的快餐品牌项目，客户在餐饮业深耕多年，商业嗅觉非常敏锐，一直想进行突破。在整个快餐行业中，大多是为了满足消费者刚需，帮助消费者解决用餐问题，在白领工作餐领域更是如此。因此，客户希望通过改善服务和环境，营造轻松的用餐氛围。

我们给客户详细分析了消费者在快餐类别中的价值取向，轻松的心情和良好的服务固然重要，但对快餐的消费场景来说，这些仍然是“保健因素”，因此使消费者形成认知和传播的可能性会大大降低。如果从产品和效率这两个核心因素入手，改善的空间则会大大增加。

纵观整个快餐行业，基本都是标准化工厂出品，产品同质化严重且更新慢。甚至有人调侃，摆在白领面前的三大问题：早上吃什么？中午吃什么？晚上吃什么？面对这样的问题，我们怎么去解决呢？通过调研我们发现，标准化生产是口味单一的重要原因，因此我们改变固有思维，将中央厨房料包改为现场制作。如果说从中央厨房制作出来的食物没有食物的气息，那我们则要还原食物的“食气”，因此我们提出了“食气小厨”的概念，即有“食气”的小厨房。消费者只需花费 25 元，便可以根据需求自选。在品牌上我们强调“食气”，即新鲜、现炒、厨艺的品牌价值。

# 食气小厨

### 品牌品类

有禾气、有锅气、有厨气的快餐

### 品牌文化塑造

有温度的食物太多，有食气的食物太少

### 品牌广告语

有食气无重（chong）味

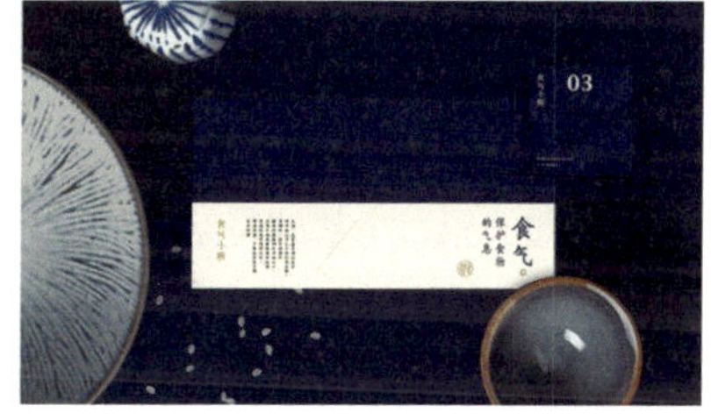


商业模式的创新要建立在可落地性以及客户和品牌自身的优势上，我们一直强调要充分了解客户的优势，通过寻找其自身优势，发挥优势，从而实现品牌化。食气小厨通过打造新鲜、现炒、厨艺等卖点来吸引消费者，是因为客户自身拥有强大的品牌实操能力。值得注意的是，消费者在产品品类中的价值序列非常重要，不要将“保健因素”当成“激励因素”。

# 3 认知建立的基础——结果可视

## 案例 | BMS Organics 蔬事

认知的第二个基础是结果可视，它是认知形成的一个最重要组成部分，也是品牌策划中最容易被忽视的。如果方案未达到预期效果，也是由于没有把握好要传达的信息“可视性”。

每个品牌都在传递信息，都希望消费者能记住品牌，因此品牌概念层出不穷。如果品牌传递的是消费者感兴趣的信息，消费者则希望眼见为实，这就决定了能否从信息变成认知，我们以一个简单的图示来说明这个问题。

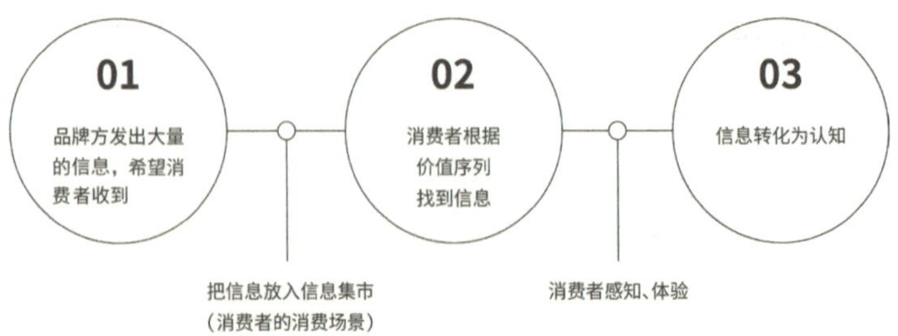

从以上图示中可以看到，品牌方会释放出品牌信息，比如产品品类不同、体验差异、环境差异等，这些品牌信息只有在消费者有消费动机的时候才会被接受。换句话说，只有当消费者在具体的消费场景中，他们才会关注这些品牌信息。例如，今天有朋友远道而来需要宴请，消费者才会去关注商家发出的品牌信息，然后挑选品牌，到店体验之后对环境、特色、服务等信息进行综合评估，形成认知，从而指导消费者下次优先考虑并进行认知传播，这样品牌方宣传的信息，就变成了消费者宝贵的认知。

很多时候品牌方发出了品牌信息却没形成认知，这是由于感知部分没把握好。很多品牌方不了解在产品消费情景下消费者的价值序列，只有信息的输出，从而导致未能营造认知。由于未能见效，有些品牌方甚至经常更换传达的信息点，导致品牌的种子缺乏生存、发展的土壤，品牌收效便可想而知。

那么，如何让认知不停留在信息层面？从认知形成的过程来看，最重要的是信息的可感知性，尤其是在餐饮品牌方面，商家更多想到的是自身情怀和匠心精神的传递，但这些不可感知的信息，无法形成消费者的认知。

我们策划的“蔬事（BMS Organics）”品牌就遇到了类似的问题。蔬事是马来西亚最大的有机食品品牌，运营有机食品公司长达20多年，其旗下涉及有机产品、餐饮等众多产业，在马来西亚甚至东南亚都有很大的品牌影响力，2015年正式进入中国市场。虽然消费者对食品安全和品质非常重视，但消费者对有机食品的认知却一直非常模糊，因此对主打高品质有机食品的蔬事来说，要获得消费者认可，可谓困难重重。

有机食品面临的不是建立认知的问题，而是认知的困局。大家都知道有机食品这个概念，但具体是什么却说不上来，为什么会出现这样的品牌困局呢？

第一，消费者对食物的安全越来越重视，高品质的有机食物，在消费者的价值序列里处在比较靠前的位置，是消费者关注的价值。

第二，高频的曝光度，使有机食品这个信息广为人知，但由于消费者对有机食品的认知缺乏与以往认知的关联性，导致消费者虽然知道有机食品，但又不知道究竟什么是有机食品，更不知道如何辨别真伪。

对于做有机食品的商家来说，这既是机遇又是挑战，若突破了认知困局，将收获巨大的品牌价值。因此，我们要突破品牌困局，就要先解决认知中的结果可视以及暗示锚定的问题。

我们走访了蔬事的几个农场，品尝了其产品，发现蔬菜清脆并伴有香甜口感。据农场负责人介绍，他们的种植地雨水、阳光充足，土壤无污染，采用的都是有机肥，再加上日照的影响，产品的糖分含量高，生长周期也相对较长。因此，蔬菜的香甜口感并不是我们的错觉，而是客观事实。这个发现迅速打破了品牌困局，帮助我们给消费者提供了一个可以信赖的标准，让他们可以自己去感受。基于此，我们提出了“真有机，有点甜”的品牌理念。

耳听为虚、眼见为实，让消费者感知到信息十分重要。为了验证这一结论，我们做了一个认知实验。让实验者蒙上双眼，一位厨师用蔬事生产的蔬菜进行烹饪，上菜前告诉实验者，这是两位不同厨师炒的相同菜品，让他说说其中的差异。实验结果令大家觉得既诧异又合乎情理，实验者能说出两份菜在口感、咸度、新鲜度等各个方面的差异，这就是认知的力量，它能够直接影响人的感知力。“真有机，有点甜”的认知理念，让消费者通过亲身体验去感知，使消费者通过感受“有点甜”形成品牌认知。而对产品有高品质要求的消费者来说，听到“真有机，有点甜”的品牌信息，便会跃跃欲试。

那么，是什么让“真有机，有点甜”这个认知建立起来的呢？第一，消费者对有机食品的价值有基本认知。第二，打破有机食品的认知困局，必须有一个可以感知的标准。第三，消费者旧认知的锚定。

让“真有机”等于“有点甜”这个等式成立的基础是等式中间有个认知的介质，这个介质就是好的生态产品，只有这样才能让等式成立并传播下去，但这需要用到传统的认知。

“真有机”等于好的生态产品，这是新的认知；“有点甜”等于好的生态产品，这是传统的认知，或者称为暗示。品牌暗示一直是非常玄的概念，但简单来说，品牌暗示就是调用我们已有的认知、情绪或偏好。对于消费者来说，以前自己家里种的水果、蔬菜都是清甜的，这些是存在于我们脑海中的印象，正是因为有了“有点甜”等于好的生态产品这个认知，“真有机”等于“有点甜”这个认知才能成立。

同时，我们还帮助BMS Organics策划了一个全新的中文名字——“蔬事”，以达到清晰品类、方便记忆、传递品牌所塑造的高品质生态产品概念的目的。“柴米油盐酱醋茶”是生活的七件事，那么“蔬事”则是我们要传递给消费者的第八件事——高品质生态产品。

可感知性是建立品牌认知的重要环节。在品牌塑造过程中，我们不能让品牌定位和广告语停留在口号中，成为信息海洋中的一粒沙子。

# BMS Organics 蔬事

**品牌广告语**

真有机，有点甜

BMS
Organics
BMS
Organics
BMS Organics 蔬事

BMS Organics 蔬事
BMS Organics

BMS Organics 蔬事
真有机，有点甜！
BMS
Organics

BMS
Organics
BMS Organics
蔬事

“炖牌”是我们策划的一个台湾牛肉面品牌。台湾牛肉面作为台湾菜系的代表之一，属于竞争激烈、差异化小的品类，为了形成品牌影响力，我们需要帮助客户重塑认知。

从价值取向来说，消费者为什么选择台湾牛肉面呢？除了想尝试台湾特色风味，台湾菜系具有的匠心、高品质、真材实料的特点也是原因之一，因此，我们要传递给消费者的认知是“高品质的台湾牛肉面”。

在整个快餐行业，健康、品质仍拥有较大的改善和发展空间。基于此，我们将品牌定位聚焦在“鲜”字上，一方面，在大部分地区，甜鲜口味的受欢迎度已超过麻辣口味；另一方面，“鲜”既是食材口感，又能代表食材本身的特点，是美味、健康的综合体。因此，我们提出“鲜味都是炖出来的”的品牌认知。

“鲜味都是炖出来的”的品牌认知，对于经营者来说，汤底是用牛骨小火慢炖出来的，十分鲜美；对于消费者来说，浓鲜的汤底是怎么制作出来的，让人充满了好奇；在品牌策划时我们没有采用“小火慢炖”“食材新鲜”这些要素，是因为其感知力较差，而“鲜味都是炖出来的”的品牌认知能够直击消费者内心。

“鲜味都是炖出来的”的品牌认知，具有潜在的暗示。暗示和消费者已有的认知能帮助我们建立品牌认知，这主要体现在生活细节上。熟悉烹饪的朋友都知道，长时间的炖煮会使猪骨、牛骨里面的髓质析出，产生鲜美的味道，这是我们在生活上已有的认知，因此有助于消费者产生认知关联，从而对品牌形成新认知。

# 4 认知建立的基础——心理暗示

所有认知都是有成本的，如果不计成本，我们便可以将所有的认知都植入到受众中去。而品牌人的工作就是降低认知成本，用低成本建立高认知。那么如何降低认知成本呢？通过长期实践我们发现，品牌暗示是有效的方法之一。

品牌暗示是指借用消费者的已有认知，与品牌方要传递的认知形成联系，从而达到暗示的作用。而传统认知、传统习惯、固有偏见都可以成为暗示的“工具”。

随着品类的逐渐成熟和发展，越来越多的品类开始了品牌化之路，在这里分享一个关于汽车配件——“巨质”品牌的案例。

如今汽车配件市场产品的同质化严重，由于厂家之间的品控和工艺不同，导致汽车配件的质量良莠不齐。对于汽修厂、经销商等企业客户群来说，选择原厂配件的经济成本远高于非原厂配件，而选择非原厂配件的进货渠道时，又需要耗费大量的时间和精力去对比各家产品的实际情况。对于个人消费者来说，汽车配件是一个专业度很高的行业，大部分个人消费者对配件的型号、参数、质量、安装方法等都缺乏最基本的认识。一般情况下，个人消费者购买的非原厂配件很难得到有效的技术支持，对于产品的质量也缺乏明确的衡量标准。因此，对产品的质量和价格无法建立逻辑关系，为了解决这个问题，我们采用消费习惯这种暗示方法来建立消费者的新认知。

通过市场调查，我们发现了一个很有意思的消费习惯，消费者在第一次车辆维修时都特别谨慎，会选择去 4S 店维修，但是到了第三、第四次就会开始选择去维修厂维修，选择使用非原厂配件。因此汽车配件生产商基本不生产当季新款汽车的配件，其生产的产品以上市 2 ～ 3 年的汽车配件型号为主。

在品牌名称策划上，我们希望找到一个让消费者在品质、信心和信赖上能产生暗示的形象。受电影的影响，汽车与超级英雄、巨人等形象的关联度非常高，所以我们决定引用“巨人”的形象，客户也认为其在信赖、品质上有着无可替代的优势。考虑到商标注册和品牌所提倡的“巨人”品质等问题，我们将品牌名称优化成“巨质”，同时在品牌文案上将“巨质”的概念进一步深化，最终以“对于您的爱车来说，每一颗螺丝都应该巨质”作为品牌推广语。

我们还提出了“第一次维修就可以信赖巨质”的品牌主张。第一次维修是一个具体的消费情景，消费者对汽车配件的产品品质要求非常高，我们通过消费场景对产品的品质和价值进行锚定和暗示，从而在消费者心中形成认知。

# 5 | 认知强化——视觉呈现与设计

案例 | 饭太尉、降龙爪爪

当消费者认知形成之后，如何强化认知呢？通过实践我们发现，视觉强化是重要的手段之一。

品牌与人一样，一以贯之的形象非常重要。如果你的思想、外貌、穿着、行为举止有一以贯之的价值观，那么别人很容易对你形成稳定的认识。品牌也是一样，品牌是视、听、感三方面要素的结合。“视”是形象，“听”是认知，“感”是品牌互动体验，而视、听、感需要有一以贯之的价值观。我们在建立品牌的过程中，最忌讳的就是信息断层，认知、视觉、体验三者之间需要相互解释。消费者很难理解品牌的维度，所以我们要遵循简单和强化的原则，让消费者从视、听、感三方面强化认知。

“饭尉”是我们策划的一个品牌项目。客户在成都经营了一个 12 年的快餐品牌——台屿小镇，随着市场竞争的日益激烈，其市场也逐渐萎缩，于是委托我们，希望策划一个主打便当的新品牌。

品牌方有自己的中央厨房，产品标准化能力突出，由于店面的租金越来越高，品牌方若想实现连锁，就只能压缩实体店的面积。

小店面的便当产品，其消费入口大多以便捷、性价比高作为切入点。当店面面积缩小，品牌与消费者的交互时间就大大降低，消费者对于品牌的感知和黏性也会相应降低，这是餐饮零售品类的显著特点。

有人认为，只要在餐厅的消费场景中，摆放一些货架销售产品，就是餐饮零售，其实并非如此。我们必须厘清餐饮和餐饮零售这两者之间的差别，才能有的放矢地把品牌树立起来。

餐饮和餐饮零售在产品、体验、盈利模式、消费时间等方面各有不同，其中最大的不同是消费时间，消费时间决定了各个维度的差异。餐饮场景中的消费时间快则 20 分钟，慢则 2 ～ 3 小时，但在餐饮零售场景中消费时间很短，尤其是便利店零售，消费时间甚至只有几十秒。因此在餐饮消费中，品牌方有充足的时间展示自己的“十八般武艺”，获得消费者的认可，而餐饮零售品牌则需要通过大量的信息曝光和多样化的产品，才能让消费者对品牌产生认识。

外卖是餐饮零售的一种，美团平台上约有 300 万个外卖商家，但没有纯外卖品牌，大家都停留在卖产品的阶段。例如，我们合作过的品牌——“辛生活”，这个品牌在饿了么平台上有 500 多家线上店，但消费者对品牌的了解仍然少之又少，原因在于品牌与消费者之间缺乏沟通，加之品牌广告投放量少，消费者就很难对其形成认知。就“辛生活”品牌案例而言，我们建议客户采用多店发展的策略，这样更有利于品牌的建设。

然而餐饮零售必然会面临几个方面的品质降级：1.产品降级；2.体验降级；3.服务降级。如果品牌在其他方面的品质无法提升，则很难弥补品质降级给品牌带来的缺失感。面对这个问题，我们为客户提出两个升级建议，一是产品的极致化，二是风格的极致化。餐饮零售最终与消费者产生交互的内容就是产品和包装，如果在这两个方面做到极致，就有助于让消费者形成认知。

然而快餐是一个高频消费的品类，产品的持续力非常重要，如果我们只在某一个产品上做到了极致突破，品牌在未来的发展将具有局限性。极致单品在餐饮业中不是长久之计，其品牌的生命周期与产品的单一性和持续能力有必然联系。

对于快餐领域，商家首要考虑的是如何节省成本，让产品单价更低，所以，只能停留在满足消费者饱腹这个最基础的需求上。有些商家想提升菜品质量，但成本颇高，获得的品牌影响力甚微，因此很难有实质性的突破。

通过分析市场情况以及品牌方的优势和劣势，我们将品牌的突破点聚焦在“饭”上。第一，在整个快餐领域中，几乎没有商家以此作为着力点，在便当中米饭的品质普遍都不高；第二，对于“饭”这个定位点，非常容易养成消费习惯，产品迭代要求低；第三，在市场中可以单买米饭的店比较少，且有一定的市场需求。比如，在公司里，有时人家带了菜准备与同事一起分享，却发现没有米饭，这种场景经常出现。

其实在正餐领域已经有商家开始在米饭上下功夫了，我们之前为“一米良业”品牌做过项目策划，提出“你有多久没有回家吃饭？”的品牌概念，塑造一米良业“星期饭”的概念，主要针对白领消费群体。我们在包装上用色块标注出1～7的数字，为消费者搭配好一周的米，精粮和粗粮合理搭配，形成美味营养、色彩丰富的正餐，从而形成品牌认知。

在整个行业中，采用容器烹饪的概念进行品牌区分较为常见，同时以产地区分的方式也较为常见，但品牌的可视性相对较差，这些概念的传播度并不高，无法取得良好的收效。

回到“饭尉”这个品牌，如何去突破呢？对做策略的人来说田忌赛马是一项需要掌握的基本功，下等马对上等马，中等马对下等马，上等马对中等马，改变一下出场顺序，就能产生更大的价值，这种策略套用在品牌策划上一样奏效。

大家都见过菜单，但应该没见过饭单吧？当我们找到战略位置后，还需要将战略放在与消费者沟通的语境中去。前面我们提到过，品牌考验的是一以贯之的能力，找准品牌定位后，我们需要用视觉去呈现品牌，让消费者能迅速理解品牌。

“贡米级国民便当”就是我们要打造的品牌定位，“旧时王谢堂前燕，飞入寻常百姓家。”以前属于皇家的产品品质，现在普通人也可以享用。于是我们提出“这饭味很皇”的品牌口号，同时我们将品牌名称优化为“饭太尉”。

由于品牌整体风格比较具象，因此在视觉呈现上，我们采用字体标志设计，使消费者能够进行视觉联想。

BRANDING DESIGN
产品定位
饭
饭尉
| 皇室饭香·国民便当 |

BRANDING DESIGN
主食菜单·云麾
饭
正一品·越光
云麾·正一品
| 颗粒饱满·绢光盈芳 |
产地·日本
甜度sweetness: Light 淡 1 2 3 4 5 6 7 8 9 Strong 浓
粘性stickiness: Light 弱 1 2 3 4 5 6 7 8 9 Sticky 黏
质感softness: Soft 软 1 2 3 4 5 6 7 8 9 Hard 硬

## 饭太尉

**品牌定位**

贡米级国民便当

**品牌广告语**

这饭味很皇

饭太尉

-RICE MASTER-

这饭味很皇
饭
饭
米
这茶味很后

ZHI FAN WEI HEN HUANG
饭太尉
RICE MASTER
这饭味很皇
MASTER RICE

饭太尉
这茶味很后
这饭味很皇

饭太尉

由于餐饮零售业的产品与消费者的交互较浅，所以强化消费者在视觉上的认知是非常重要的。以“降龙爪爪”品牌为例，该品牌 2015 年创立于成都，主打“重庆老火锅”“泰式冬阴功”“五年老卤”口味鸡爪，专注打造“一抿就化了，味道入到骨头里”的鸡爪，因独特的口味和新颖的形式，受到了食客们的喜爱。

品牌产品“一抿就化”的核心特点突出，同时品牌方因在《天天向上》节目上亮相而成名，品牌迅速扩张，现已有 1500 家门店。降龙爪爪虽然有很强的产品优势，但视觉呈现却不成系统，对于零售型餐饮，其产品和视觉必须极致化。

降龍爪爪

降龍爪爪

降龍爪爪

降龍爪爪

对于小吃品牌来说，产品特征非常重要。“一抿就化”其实是在强调小吃产品的特征，“入味、便捷”是其最大的两个价值，“入味”是衡量好吃的一个重要标准。产品软糯到脱骨，又方便边走边吃，则符合小吃产品的便捷性，但如何将优点做到极致化呢？对此我们重塑了降龙爪爪产品的宣传方向，即“人人都觉得好吃是真实存在的，众口难调则是产品不够极致”的宣传理念，从而强化了产品的极致基因，突出了品类的核心要素。与此同时我们进一步深化“一抿就化了”的产品特点，加入地域特色，将成都的口头语“粑”加入品牌定位中，把“粑入骨，软到心”打造成带有地域特色的品牌定位，向消费者传达出产品糯到入骨，好吃到心都柔软的体验。

那么“入骨、到心”是一种什么样的味觉体验？我们认为那是一种“神仙味道”，而“神仙味道”就是匠心的极致表现，因此，在视觉表现上我们通过具象化的表达来传递这种味道。

降龍爪爪

一抿就化了

降龙爪爪的标志采用字体标志的形式进行设计，并与“一抿就化”的宣传语进行组合，突出品牌名称。同时利用书法字体特有的力道，传达出料理师傅的匠心精神。

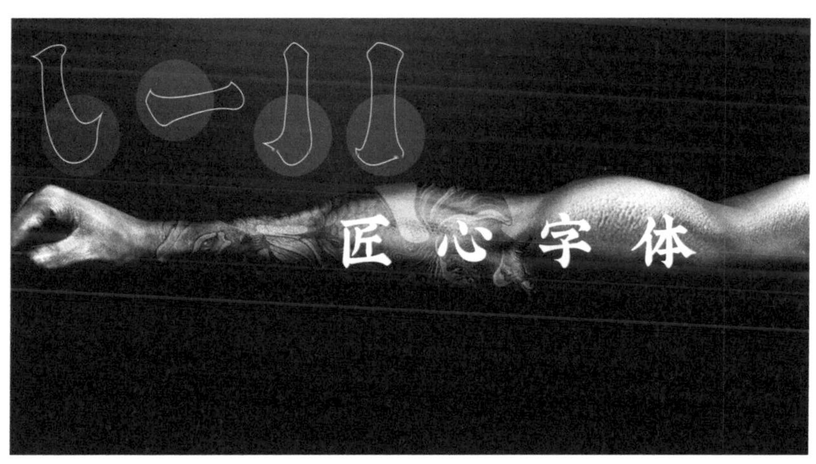

在色彩搭配上，沿用了旧标志的红色色调，选用绛红色区别于原来的正红色，使其在视觉表现上更为柔和。同时采用龙蓝色与绛红色进行搭配，红蓝的搭配给人年轻、时尚、富有活力的感觉，采用金色作为辅助色，体现出品牌的匠心品质。

在店面设计上，采用开放式操作空间设计，店员的所有操作都是可见的，方便顾客可视化选购，同时可以增强顾客对产品品质的信任感。

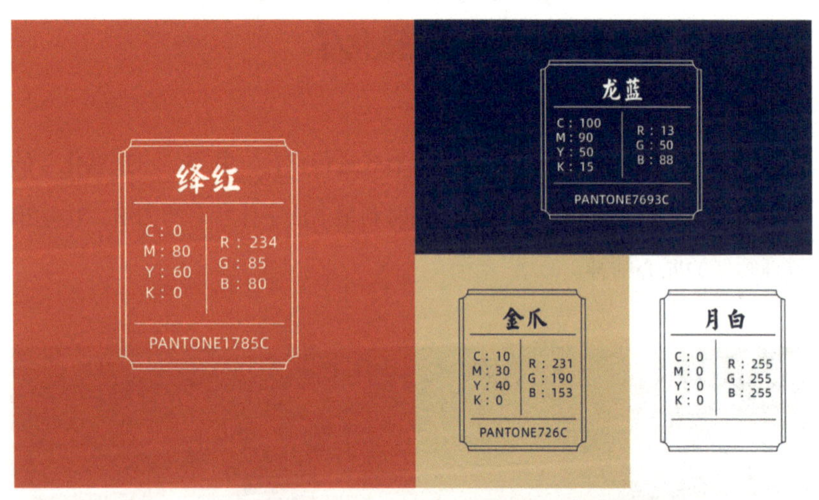

## 降龙爪爪

### 品牌定位

“粑入骨，软到心”　“一抿就化了”
“神仙味道”的鸡爪

### 品牌广告语

粑入骨，软到心

### 创意文案

一粑还魂，爪爪降龙
只做人人都爱的“神仙味道”
一抿二嗦三下肚，从口到心再入魂

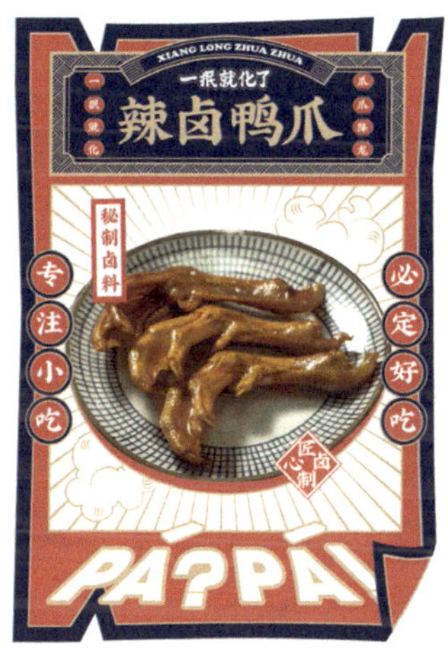

啊啊啊!!
这是什么神仙味道
耙
一抿就化了

神仙味道
打包带走
一抿就化了

降龍爪爪
降龍爪爪
降龍爪爪

降龍爪爪
降龍爪爪
降龍爪爪

降龍爪爪
耙
擦
爽
这是什么神仙味道
XIANG LONG ZHUA ZHUA
PA?PA!
弹
降龍爪爪

降龍爪爪
PA?PA!
PA?PA!

一抿二嗦三下肚
从口到心再入魂
# XIANGLONG ZHUA ZHUA #
降龍爪爪

PA?PA!
神龙下凡
XIA
ZHUA

擦
爪
?!!!

降龍爪爪
一抿就化了
品牌加盟
400-005-5917
专注小吃
必定好吃
匠心卤制

一抿就化了
降龍爪爪
耙
专注小吃 必定好吃
一抿就化了
降龍爪爪
专注小吃
必定好吃
品牌加盟
400-005-5917
一抿就化了
降龍爪爪
一抿就化了
降龍爪爪
耙
必定好吃
品牌加盟
400-005-5917

JOIN US
啊啊啊!!
本店开始招人了!!!
厨师 | 5000-8000
服务员 | 5000-8000
清洁员 | 5000-8000
薪资可面议 诚邀加入

大众点评人气小吃!
专注小
必定好吃
现切嫩牛排
降龙的爪爪
真好吃
招牌猪蹄花
神仙味肥肠
PAPPAI
《天天向上》推荐小吃
CCTV 2
CCTV 3
推荐品牌
专注小吃
必定好吃

降龍爪爪
一抿就化了
大众点评人气小吃!
必定好吃
《天天向上》推荐小吃
CCTV 2
CCTV 3
推荐品牌
必定好吃

# 第三章

# 入口之打造品牌IP

# 1 品牌形式入口——IP

通过对消费者的消费习惯的重构或建立新认知，可以让消费者了解品牌，进而选择品牌。但随着品类的发展和消费情景的不断细分，品类的差异化正在逐渐缩小。而消费习惯的迭代和发展，使整个消费形态都在朝个性化、定制化方向发展，根据餐饮公会和餐饮研究院的研究成果，我们可以发现以下规律。

**1. 年轻人对餐饮的认知仅局限于好吃、好玩。**

餐厅指南：餐厅大可不必在品牌概念上过度包装自己，消费者对餐厅的选择非常简单，把产品做好，同时有让他们印象深刻的记忆点，这样，在他们有需要的时候就会选择你的餐厅。

把产品做好，有利于消费者传播、分享品牌信息。因此，品牌方要根据消费者的价值需求，培养消费习惯，组建认知才是重中之重。

**2. 消费者喜欢通过各类餐饮应用软件选择品牌，因此顾客的评论比厨师推荐更有效。**

餐厅指南：如今，消费者不再依赖服务员推荐菜品，更信任各类餐饮应用软件上其他顾客的评论，品牌方可以好好利用这些平台，通过消费者评论、晒图、分享等方式建立品牌认知。

**3. 消费者对长篇大论的餐厅简介并不感兴趣。**

餐厅指南：有些品牌方为了更全面地介绍自己的餐厅，长篇大论地罗列餐厅信息，可消费者并不感兴趣。

**4. 如果广告有趣，不用担心无人欣赏。**

餐厅指南：有些品牌方会定期在微信平台上发布宣传广告，只要内容做得有趣，就能起到传播效果。

**5. 出门不能忘记带的东西是手机，而不是钱包。**

餐厅指南：《餐饮时报》的记者到一家餐厅采访，店长告诉记者，他遇到过很多出门吃饭不带钱包的年轻人，这些消费者在点菜前会询问“能否使用微信或支付宝进行支付”，所以品牌方要与时俱进，满足顾客的需求。

**6. 优惠券“华而不实”，让消费者感觉被忽悠。**

餐厅指南：促销本来是一件利民的好事，可现在很多消费者对餐厅发放的优惠券并不感兴趣。大部分原因是消费者觉得优惠券“华而不实”，看着优惠力度很大，实际上却便宜不了几块钱。

**7. 48% 的消费者会因为包装好看而购买轻食。**

餐厅指南：你会因为产品的包装好看而去购买产品吗？对于轻食而言，48% 的年轻消费者给出了肯定的答案。

**8. “对自己好一点”是一个重要的消费理由。**

餐厅指南：消费者外出就餐的理由很多，其中对自己好一点，用美食犒劳辛苦一天的自己，是很多消费者选择外出就餐的理由。

**9. 餐厅自助小吃陈列台，越来越能激发消费者的购买欲。**

餐厅指南：《餐饮时报》记者曾经采访过一家面馆，他们家除了面食，小吃的营业额占比也很大，怎么做到的呢？原来，他们家的点餐台和收银台是分开的，顾客点完面食后，服务员会给顾客一张结账小票，顾客去排队结账时，会经过一个自助小吃台，上面摆放的小吃非常吸引人，顾客可以自助拿取，然后到收银台统一结账。

**10. 大家的乐趣是吐槽——“我吐槽说明我还关注你，懒得让人吐槽的餐厅再也不会去”。**

餐厅指南：相信大部分餐饮人都遭遇过餐厅被顾客吐槽的情况，现在的年轻消费者都乐于表达自己的观点，餐饮企业玩“自嘲”反而成了一个亮点。

**11. 消费者不是不喜欢先生或女士的称呼，只是不喜欢拘谨的感觉。**

餐厅指南：除非在精心打造的就餐氛围与环境，否则听到先生或女士的称呼会让消费者特别不自在。

**12. 美食和优质的酒店体验可以吸引消费者前去旅行。**

餐厅指南：把餐厅做出特色，除了有让人垂涎欲滴的美味佳肴，环境宜人的酒店以及优质的服务体验，也能吸引消费者前去消费。

**13. 餐厅的装修元素。**

餐厅指南：廉价的墙纸和昂贵的大型水晶吊灯是消费者厌恶的两个元素。

**14. 消费者的消费习惯较为分散但对品牌有追求。**

餐厅指南：分散的消费习惯会让品牌方觉得消费者只对价格有要求，作为年轻消费者，他们不仅会去“时尚”的餐厅消费，同时对品牌也有自己的要求。

**15. 把团购类网站当搜索引擎使用。**

餐厅指南：餐厅要有专人负责维护网络口碑，因为现在团购类网站的使用率非常高，消费者想去一家没去过的餐厅用餐，大多会使用团购类网站进行查询、了解。

**16. 如果餐厅工作人员添加了消费者的微信，要么好好营销，要么专心社交。**

餐厅指南：很多餐厅要求工作人员添加消费者的微信，但添加完微信后如何进行有效的沟通呢？朋友圈固然是一个很好的选择，但是如果只发营销方面的内容，很容易被顾客拉黑。

**17. 在朋友圈发布赠送饮料或促销活动信息，会让消费者望而却步。**

餐厅指南：引导顾客发布朋友圈时，不妨找个消费者乐于接受的切入点，毕竟没有几个人愿意在朋友圈发布广告。

**18. 不选择快餐的主要原因是其越来越难吃，而不是不健康。**

餐厅指南：餐厅对产品质量的把控至关重要，否则消费者将渐行渐远。

**19. 外卖投诉的主要原因是想吃的东西不在配送范围内。**

餐厅指南：不在配送范围的局限性可以从口味上弥补，争取把每一个点过外卖的顾客都拿下。

**20. 便利店受欢迎的主要原因是“想要的时候它都在”。**

餐厅指南：适当延长营业时间，可以让加班族感到既贴心又暖心。

**21. 超过五成的消费者讨厌投诉时客服专员的回复。**

餐厅指南：在处理投诉问题时，可以真诚且有针对性地处理消费者的投诉，更容易获得消费者的好感。

**22. 换餐厅不需要理由。**

餐厅指南：餐厅只要做好“自己”，消费者还会回来的。

## 23. 当餐可用的优惠券。

餐厅指南：消费者更喜欢可以当餐使用的优惠券。

## 24. 餐厅需要营销故事。

餐厅指南：餐饮的“故事营销”越来越走俏，如果故事脱离实际或让人一看就心生疑惑，还是不要轻易讲给顾客听。

## 25. 不爱喝酒的主要原因是酒并不好喝。

餐厅指南：年轻消费者对酒的消费明显少于饮品，餐厅可以通过丰富饮品种类来吸引消费者。不过很多品牌方表示，鸡尾酒的销量还不错，餐厅可以适当增加鸡尾酒品类。

通过调查研究发现，消费者对产品、环境、营销等各方面都有所偏好，但消费者更关注产品，喜欢能够感知的产品，而并非五花八门的品牌概念，在营销上餐厅应该更倾向于个性化、内容化，而不是套路式营销。

品牌的入口大致会经历以下过程：文化母体—产品差异—形式差异，这与本书所讲到的消费习惯、认知和 IP 入口是相关联的。

## 文化母体入口

对于一些品类来说，文化母体的挖掘是品牌策划的常用手法，品类在这个阶段可称为特色型餐饮，其具有体量小，有一定文化认知基础，缺乏相关品牌等特点。入口的核心因素是消费者的猎奇心理，很多餐饮品类的变化都是从特色型餐饮往大众型餐饮发展，最终形成品牌。比如我们服务过的“三个辣椒”品牌，以“一筷子回湖南”作为品牌宣传语来抢占湖南米粉这个文化母体。对于这种类型的品类来说，文化母体是入口，不需要复杂的信息，直接将文化母体呈现出来，就能快速形成品牌。

以文化母体为入口的品类，一般较为小众或者进入行业时间较早，它们通过占据文化母体中的核心要素，形成品牌入口。

随着品类的发展，特色型餐饮会逐渐变为大众型餐饮，比如，以前“地道川菜”可以作为品牌入口，但是随着川菜餐饮业的发展，川菜馆数量增多，四川文化作为文化母体就不能成为品牌入口，此时就要过渡到产品入口阶段，一般产品入口阶段又分为产品入口 1.0 阶段和产品入口 2.0 阶段，也就是我们经常说的爆品、单品和产品差异化的阶段。

## 产品入口 1.0 阶段

产品入口 1.0 阶段的品牌特点是挖掘特色型产品及产品标准化，并以小店的形式快速扩张。这个阶段主要是以消费者“单品消费习惯”的培养为入口，借助资本，快速成立连锁店面，形成该单品的消费习惯。

在爆品、单品阶段，后进入市场的品类劣势非常明显，因为先进入市场的品类已具有一定影响力且形成规模。

对于资本来说，这样的消费习惯显然是资本牌桌上的一张小牌，一方面，投入较小，另一方面，相较于其他行业来说，这些品类的生命周期和消费习惯的稳定性较低，因为它们的产品迭代能力相对较差，品牌方聚焦于一个产品，而消费者则需要有不断更新的产品体验，因此单品发展到后期对于品牌来说是非常掣肘的。

近两年在单品消费习惯培养这件事情上，我们瞄准了咖啡，相较于其他单品来说，个人觉得咖啡优势很大，毕竟餐饮业态与其他消费习惯不同，产品的深度、迭代能力、体验、消费场景等都有很大优势。

## 产品入口 2.0 阶段

当爆品、单品阶段达到一定程度，产品入口会进入第二阶段，即产品差异化阶段。产品差异在前文中提到过，一方面体现在产品与消费习惯的关系上，一般根据消费者特定的消费场景、需求，来重新定义产品与消费习惯的关系。另一方面是产品新认知的建立，基于特定的消费场景和需求，提出新的产品主张来建立品牌。

在前面两个阶段，消费者因求鲜心理、消费习惯和认知而了解品牌，但随着产品不断地细化和成熟，消费者群体也越来越年轻化、个性化，小范围的定制化和碎片化消费取向形成，消费者面对产品、模式的同质化现象，要如何做选择呢？根据消费者的喜好，IP 进入大众消费视野，而餐饮凭借在空间、平面、营销、社群等方面得天独厚的优势，是与 IP 结合度非常高的一个领域。

## 2 | 品牌 IP 化核心要素

### 案例 | 功夫猫

我们策划的“功夫猫”酸菜鱼品牌，从产品维度上来说，是典型的正餐菜品。品牌方调整商业模式，但建立新的消费习惯的可能性很小。而从产品差异化程度来说，市场上酸菜鱼品类已经细分得非常明显，很难形成有效的入口，最终我们选择采用形式上的差异化——打造品牌 IP。

形式上的差异化包含的内容非常多，不仅包括品牌 IP，还包括包装、空间、互动、体验等，但是这些内容既不具有独占性又缺乏持续力，很难成为品牌的核心要素，形成稳定、长效且一以贯之的品牌价值，而品牌 IP 则正好能弥补这方面的短板。首先，IP 是品牌独创性的体现，具有品牌印记属性；其次，IP 具有持续迭代内容的能力，能塑造更多形式上的差异。我们认为，IP 主要由三个核心要素组成——个性、价值观、差异化。

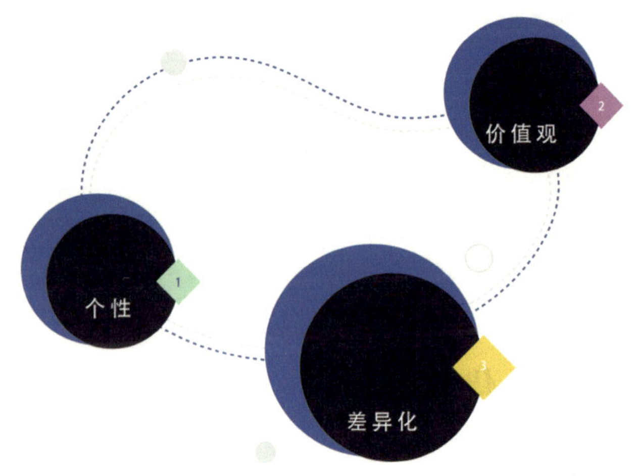


在 IP 三要素中个性是基础，个性要采用消费者能广为传播和接受的特点，然后在个性的基础上进行差异化和价值观的塑造。对于功夫猫品牌来说，我们将品牌特征与消费者进行结合，呈现多角度的切入点。我们创立了一个“吃迷”消费圈，来定义它的价值观，包括以下三方面：

1. 自我：对生活不妥协，只对鱼低头，人人都有一颗闪闪发亮的“吃心”。

2. 挑剔：吃是对饥饿身体的奖赏，更是对疲劳灵魂的宽慰，对吃挑剔是“高级”人格的体现。

3. 痴迷：寂不寂寞没关系，最重要的是不饿。

结合品牌 IP 和产品特性，我们设计出功夫猫的品牌视觉形象。在标志设计上着重突出字体设计，通过字体透视关系的处理，表现出力量感，同时将猫爪的划痕作为视觉元素融入标志设计中。然后根据“自我”“挑剔”“痴迷”的个性主张，采用国潮风格进行设计表达，传递出不从众、坚持不懈、外冷内热的品牌特点。

## 品牌 IP 化核心要素——功夫猫视觉呈现

除国潮设计风格之外，考虑到“萌”的受众较广，我们提出了“萌潮”作为设计风格。通过采用橙蓝撞色来实现强烈的视觉冲击力，让设计与众不同，使整个品牌充满时尚感。

如果品牌没法在模式和产品上有差异化，那我们可以将品牌 IP 化，设计出与品牌相关联的 IP 形象，让消费者通过 IP 形象联想到品牌，对品牌形成清晰的认知，进而选择其产品。同时我们可以采用合适的视觉表现方法来营造视觉氛围，让消费者对品牌产生好感，从而达到事半功倍的效果。

## 功夫猫

**品牌定位**

功夫猫，痴鱼界的一代宗师

**品牌 IP 形象定位**

吃迷大拯救

**品牌 IP 塑造**

自我、挑剔、痴迷

**品牌广告语**

丰富才有“余”味、匠心砂锅·正派功夫

CASSEROLE FISH
KUNGFUCAT
# CASSEROLE FISH #
CASSEROLE FISH
KUNGFUCAT

CASSEROLE FISH
KUNGFUCAT
KONGFU CAT
BRAND DESIGN

# CASSEROLE FISH #
KUNGFUCAT
功夫猫
KONGFU CAT
BRAND DESIGN

KUNGFUCAT
功夫猫

CASSEROLE FISH
KUNGFUCAT
江湖功夫
唯快不破
# CASSEROLE FISH #
CASSEROLE FISH
KUNGFUCAT
痴鱼界 · 一代宗师
功夫猫
# CASSEROLE FISH #

# CASSEROLE FISH #
一代宗师
KUNGFUCAT
功夫猫
# CASSEROLE FISH #
KUNGFUCAT
功夫猫
# CASSEROLE FISH #
KUNG FU CAT

功夫猫
砂锅鱼
渔鱼界一代宗师
功夫猫
CASSEROLE FISH
CASSEROLE FISH

功夫猫
砂锅鱼
涮鱼界一代宗师
KUNG FU CAT
功夫猫
CASSEROLE FISH

KUNG FU CAT
功夫猫
CASSEROLE FISH 砂锅鱼

KUNG FU CAT CASSEROLE FISH
痴鱼界
一代宗师
上海市闵行区颛桥万达广场4楼4027.4028
电话:021 60717902

功夫猫
痴鱼界一代宗师

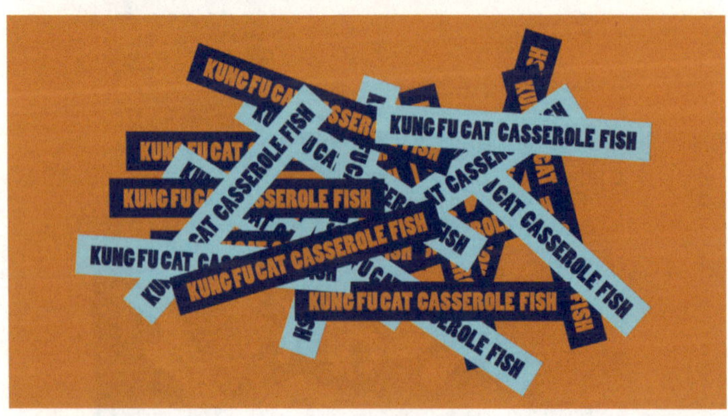
KUNG FU CAT CASSEROLE FISH

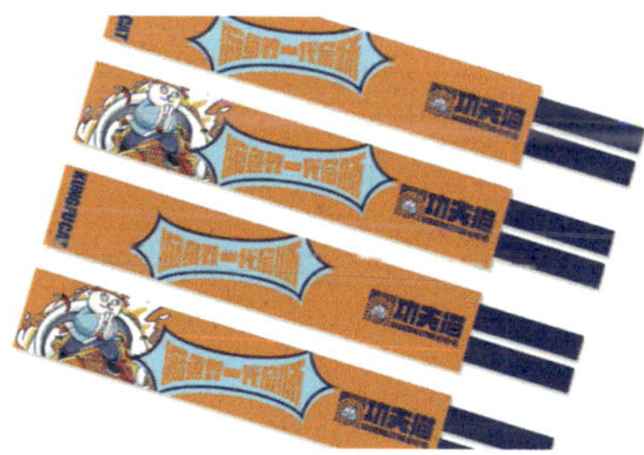
功夫猫

KUNG FU CAT
CASSEROLE FISH
砂锅鱼
上海市闵行区颛桥万达广场4楼4027.4028
电话:021 60717902

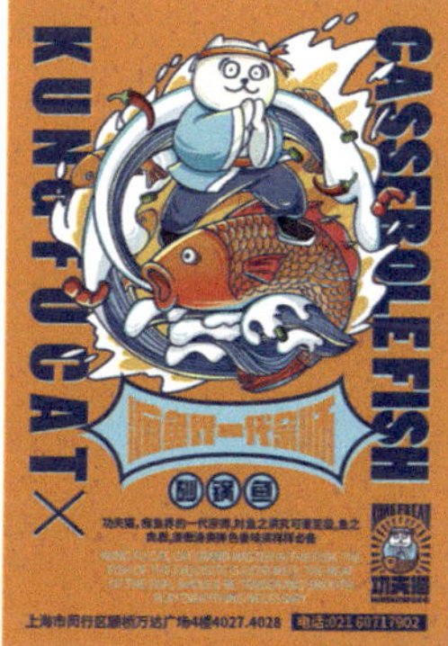
KUNG FU CAT
CASSEROLE FISH
砂锅鱼
上海市闵行区颛桥万达广场4楼4027.4028
电话:021 60717902

KUNG FU CAT
CASSEROLE FISH
砂锅鱼
上海市闵行区颛桥万达广场4楼4027.4028
电话:021 60717902

功夫猫
砂锅鱼
KUNG FU CAT
CASSEROLE FISH

# 3 | 用 IP 重塑传统行业

## 案例 | 柴主便利店

IP 除具有价值观、新兴的特点之外还有一个属性，就是场景化。在众多传统行业及新兴行业中，若要提高体验的深度，场景化是一个非常重要的手段。如果场景化缺乏有效的载体，不但品牌方对选择场景感到毫无头绪，还会使场景在品牌中无法形成一个有效的整体。

“柴主便利店”是由知尖策划、设计、投资的一个新项目。通过调研我们发现，随着生活节奏和商业效率的不断提高，商业形态正在向便利的形式发展，因此便利店是除餐饮业之外另一个充满生命力的实体经济。如果说外卖、电商提高的是空间效率（消费者足不出户就可以获得商品），那便利店提高的则是时间效率（消费者下楼就能买到想要的产品）。因此，便利店如雨后春笋般冒了出来。

目前便利店的商品种类非常丰富，价格也在不断优化，那么在创立新便利店品牌时，我们以什么角度作为切入点打造品牌呢？

从现有品牌来看，即使是便利店的行业领头羊，其在用户空间中也只属于极致的卖货，便利店的形态属于单一的人与商品的关系，虽然提高了购物的效率，但却降低了服务的品质，产品体验属于初级阶段。

然而随着经济的发展和消费水平的不断提升，便利店的形态不再局限于单一的人与商品的关系上。基于此，我们提出了高品质便利体验的概念，在不改变人与商品的关系前提下，打造“社区休闲便利”与“亲子便利”新模式。

我们在调研中发现，传统社区一般会开设小卖部、快餐店等，高档一点的社区会开设茶楼等“重休闲”区域，但都没有可以让消费者“轻休闲”和“亲子便利”的地方。所以，在“社区休闲便利”和“亲子便利”上有很大的塑造空间，这里我们所说的“亲子便利”是指亲子活动空间的便利。由于现代人越来越宅，但是孩子不能宅。所以，我们将“轻休闲”和“亲子便利”这两个消费场景植入到便利店里。

消费场景植入有一个非常重要的前提，就是消费场景的重合度。比如，我们在策划某个米类品牌时，客户提出城市的孩子越来越缺乏农业基础知识，所以，他想在米店里通过虚拟现实技术，植入农业基础知识的消费场景。我非常认可具体的消费场景在传统行业的植入，但是从商业转化和商业逻辑上来看，将农业基础知识通过虚拟现实技术植入米店有欠妥当。买米属于快速消费的领域，然而学习农业知识属于时间消费型产品，两者之间差别非常大，商业转化率低，这就属于商业场景的重合度不高。而我们选择在便利店融入“轻休闲”“亲子便利”这两个消费场景，是因为考虑到轻休闲、亲子与食品、零食的消费场景重叠度很高，能带来良好的商业转化率，这样的场景植入是有效的。

那么，如何实现“轻休闲”“亲子便利”的体验呢？我们采用 IP 的场景化手法。“汪柴主”是知尖自主开发的 IP，凭借其良好的内容形式，受到了众多商业体热捧，例如金逸影院、Hi 百货、YOHO 等，均与汪柴主在内容和产品上有深度合作。

如今汪柴主 IP 已实现全线产品化，并全面开放产品授权，产品涉及玩具、生活用品、文创产品、电子产品、食品等，约 300 个卖家库存量单位（SKU）。依托汪柴主的 IP 形象，我们打造了柴主便利店“千店千主题”的概念。例如首家旗舰店，我们打造的是柴主浴室的场景，使便利店形成了独特的设计风格，增加了店铺的趣味性，店铺内的装饰、陈设都非常适合轻休闲和亲子互动。

便利店
24h

柴主の茶

柴主の茶

HELLO
RICH
WANT
柴主便利店
24h
CASHIER
RICHWANT
柴主便利

FOR LAZYBONES
懒人专设沙发
Brand

# 第四章

# 餐饮品牌之战

# 1 ｜ 品类选择即战场选择

## 案例 ｜ 不贰月水煎肉

对于餐饮业来说，选品就是选战场。我们经常提产品创新，却较少提品类创新，这是因为餐饮业与零售业有一个非常大的差别。零售业的传播和销售形式是采用广传播，即大渠道的销售方式，消费者能快速地获取产品信息。但零售业需要不断地去做品类细分和创新，因此零售业的门槛非常高。

而餐饮业则不然，一方面，餐饮业是点对点或局部区域传播和销售，让消费者认识新的品类，形成新的消费习惯的难度很大；另一方面，餐饮业的门槛较低，品牌方费尽心机推出的新品类可能会变成为他人作嫁衣，所以餐饮业的品类创新难度高、风险大。因此，品类跟随策略是餐饮业选品策略的不错选择。

品牌方在选品时可观察一下，是否前有强敌后有追兵，如果是有文化母体的品类创新，则可以考虑品类跟随策略进行选品。给大家分享一个水煎肉品类的例子，我们受品牌方委托，打造水煎肉品类，虽然品牌方已经有“猪哥牛姐”品牌，并在市场上小有名气，但其品牌认知度相对较低。

品牌方在得知汉拿山将进入水煎肉市场后，下定决心要将市场做大，品类做强。所以，对于新品类来说，后有追兵是非常好的事情，大家可以合力去培养消费者的消费习惯。

水煎肉是韩国的一种传统烤肉方式，与炭烤和电烤的方式不同，其是通过蒸汽加热铜盆进行制作，因而得名水煎肉。那么如何去打造品类呢？我们的产品又能给消费者提供哪些更优化的价值呢？

通过对团购类网站上烤肉品类的差评分析得知，令消费者最不满意的是食用之后很腻、食材不新鲜等原因。因此一个新品类，在消费者认知没有建立的前提下，我们可以根据需求来塑造消费者想要的价值。水煎肉有得天独厚的优势，从品类名来看水煎肉给人一种清爽、不油腻的品类感知，于是我们将其定位为“烤肉界的一股清流”，品牌名称为“不贰月”。

不贰月的标志设计，在色彩上采用深绿色，突出和强化自身品牌的特性。在核心视觉元素上采用绿色为主色调，体现出水煎肉清爽、不油腻的品类感知。

## 不贰月水煎肉

**品牌广告语**

烤肉界的一股清流

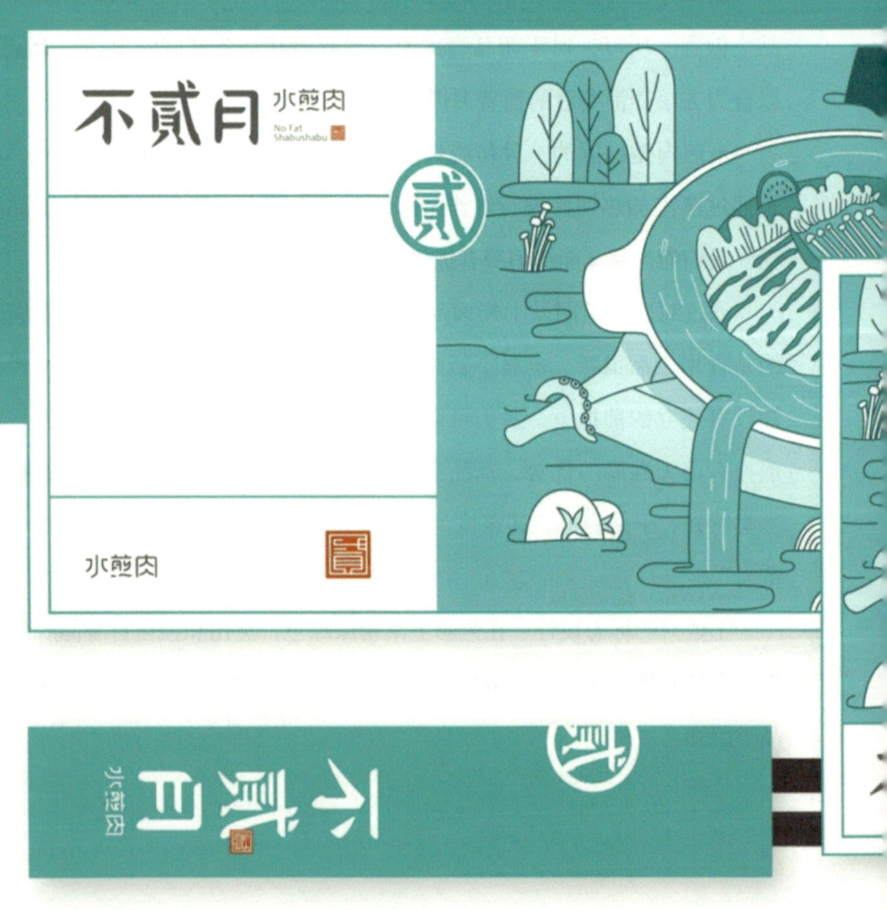

不贰月
水煎肉
No Fat Shabushabu
贰

輕鮮食材
#烤肉界的一股清流#
不貳月

創意飲料
#烤肉界的一股清流#
不貳月

不貳月
No Fat Shabushabu
水煎肉

## 2 | 餐饮价值再塑造——战略

案例 | MAYS 蔓莳

前面已经介绍过，寻找消费价值对建立品牌认知非常重要，它相当于消费者信息接收器的开关。如果消费者需要某种消费价值时，消费者才会打开信息接收器的开关，从而建立品牌认知。

那么餐饮品牌的消费价值如何体现呢？在餐饮业中，划分标准多种多样，如正餐、快餐、简餐、小吃等，划分标准不同其结果也就不同。如果我们想了解餐饮价值体系，就必须了解餐饮在价值层面是如何划分的。

从餐饮的消费价值来说，大致可分为特色型餐饮、产品型餐饮、场景型餐饮（社交型餐饮）。按照餐饮的消费目的划分，大致可分为产品刚需型、社交目的型、尝新求鲜型，这三个维度基本涵盖了日常用餐目的。

从消费目的划分来看，产品刚需型较容易理解，社交目的型大致可分为：陌生人社交（以咖啡为代表）、熟人社交（以火锅为代表）、亲昵社交（以烧烤为代表），这几个品类社交属性非常清晰，并在商业形态中有所体现。

人与人的关系体现在社交距离上，关系越近社交距离就越短。例如，咖啡厅的座位排布一般在 1.5 米以上，这是陌生人社交的舒适距离，而烧烤店的座位排布则相对紧凑，这是因为二者社交属性不同。

特色型餐饮主要以文化母体特色和形式特色为主，文化母体特色主要依托高认知度的餐饮文化，比如外国餐饮、地方特色餐饮和小吃等。形式特色则表现在体验的差异上，比如主题餐饮、场景化餐饮等。

清楚品牌的价值归属，对制定整体策略非常重要。很多餐饮人希望自己的品牌在各个方面都能够完美，既适合刚需又方便社交还独具特色。但面对几十米到几百米就有一家餐饮店铺的事实，找准自己的价值归属，优化自身的价值，才是树立餐饮品牌的核心策略。

2017 年我们承接了“尝久”的品牌升级项目。尝久是一家素食料理品牌，包括西式餐厅、素食餐厅和社交餐厅，然而西式餐厅和社交餐厅都未能突出其核心价值，素食餐厅则将品类圈定在一个小范围内，导致其品牌定位不清晰，造成品牌价值卡位非常模糊。

尝久品牌升级的契机是品牌方希望在广州东塔购物中心内开设店面，我们建议品牌方在刚需、社交、特色中选择一个方向。大家不约而同地排除了刚需，但在社交和特色之间我们进行了激烈的讨论。品牌方认为应该将品牌定位为西式简餐，理由是产品的呈现方式能在社交属性上很好地呈现，同时可以将素食消费群体作为主要目标受众。

但我们认为，应该将品牌定位为“创意美蔬”，向素食者传递产品类型丰富、创意新颖，能提供多样化选择的品牌信息。如果将品牌定位成西式简餐，消费者口感预期就会变高，且西式简餐中肉类品的比重较大，如果做一个没有肉类品的西式简餐，消费者的产品体验感会变差，品牌会失去赖以生存的特色价值，导致品牌定位偏离，从而失去竞争力。

最初品牌方坚持将品牌定位为西式简餐，我们只能尊重甲方的意见，但经过一个月的思考后，客户接受了将品牌定位为“创意美蔬”的提议。

我们将品牌名称定为“蔓莳”，意指美好时间和美好食物的完美结合，英文名称为MAYS，一方面是蔓莳的谐音，另一方面指通过食物的创意表现，寻求食物美好的可能性。

标志设计采用种子破土而出的形态进行塑造，将蔓莳的英文名称融入设计中，以简约的符号传递品牌的气质。

# MAYS 蔓莳

**品牌定位**

创意美蔬

MAYS

MAYS

MAYS
创意美蔬
A BLOOMING TASTE
餐厅经理 Manager 1名
餐厅领班 Foreman 2名
活动策划 Plan 1名
服务员 Waiter 2名
餐厅财务 Accounting 1名
仓储管理 Administrator 1名
Tel 18607717377 Cidyen

MAYS
06

# 3 核心战术——产品

根据餐饮的消费价值划分，可分为特色型餐饮、产品型餐饮和场景型餐饮（社交型餐饮），而产品型餐饮占餐饮业总量的 80% 以上，对于经营产品型的餐饮者来说，产品无疑是品牌塑造的核心，同时品牌的差异化大部分体现在产品的差异化上。

对于特色型餐饮和场景型餐饮来说，品牌差异化虽然不是直接体现在产品的差异化上，但产品往往起到支撑品牌核心差异化的作用，因此无论是哪种类型的餐饮，产品都处在非常重要的位置。消费者第一次选择餐厅时，产品因素占 49% 左右，再次选择餐厅时，产品因素则超过 70%，可见产品的重要性。

餐饮人都知道产品的重要性，几乎每个餐饮人都有自己的情怀。但是产品做得好，不代表品牌概念塑造得好。

对于产品型餐饮来说，产品是品牌的核心，所以产品必须具备入口效应，而做好产品与做好入口还是有很大差距的。

关于如何塑造产品，如何在消费习惯和认知上去塑造产品入口，前文已列举了实例进行分析。比如：方乐多——抗饿解馋方乐多，塑造的是比萨的新消费习惯；饭太尉——通过饭单的形式，塑造选饭的新消费习惯；蔬事——真有机，有点甜，重塑人们对有机的认知；不贰月——烤肉界的一股清流，是基于消费者利益的产品改善。我们想要通过产品形成入口效应，就必须从产品的品质、消费情景、认知、组合模式等多角度去做提升，才能形成差异化，形成入口效应。

商业价值是通过不断地提升消费者的产品体验获得的，消费者总是在消费中不断寻求高性价比的产品。所以，我们希望与餐饮人一起，去了解消费者的消费习惯和消费情景，基于消费者的习惯和消费情景，结合餐饮人和品牌的自身优势，进行性价比或产品体验的微创新，为品牌提供更优化的产品提升方案。

# 4 核心战略——产品模式创新

案例 | 哈豹

消费者的消费习惯教化对于快消行业来说相对简单，通过渠道布局、疯狂的广告“轰炸”，就能快速地让消费者形成消费习惯，而体验型的餐饮品牌特点是，消费者的消费习惯教化难度大。

在体验型的餐饮品牌中，如果我们想在品类上进行价值创新，必然要对产品或消费场景进行再塑造。

品类创新或模式创新如果把握不好，就会适得其反。比如，市场上开始出现了咖啡和服装一起卖的店铺，被认为是一种创新和潮流。品牌方希望咖啡和服装相互引流，但是收效甚微。为什么会出现这样的结果？虽然咖啡和服装的消费群体高度重合，但消费情景的重叠也是必须考虑的问题。买服装是零售的消费场景，消费者在一家店逗留的时间可能只有几分钟，且需要逛大量的店铺来获得满足感，而咖啡则需要喝几个小时，二者的消费情景差别非常大，所以该模式创新失败。

反观餐饮品类，最需要模式创新的莫过于茶饮品牌，例如我们熟悉的喜茶的奶盖、乐乐的脏脏茶、茶颜悦色的中式茶等，一个品类就撑起了一个品牌。如何实现模式创新呢？还是要从产品和消费情景入手。

“哈豹”是我们用模式创新的方式，在茶饮品牌领域做的一次尝试。我们认为市场不能靠养只能靠抢。对于现在的茶饮品牌来说，好喝、漂亮是品牌最基本的特质，很多门店投入了很多精力，但只做到了行业标准，缺少品牌差异化。

在现制饮品领域中，奶茶是王牌品类，咖啡紧随其后，位列现制饮品领域第二位。咖啡具有提神醒脑的作用，与茶饮作用相同。通过咖啡帮助茶饮获得突出重围、抢占市场的能力，我们称之为赋能市场。

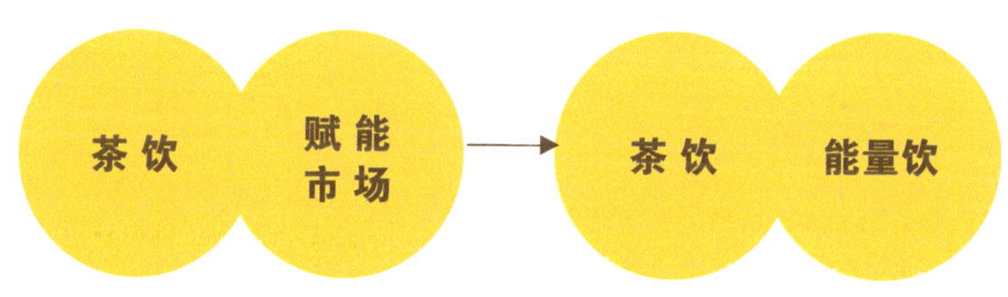


在此次品牌策划项目中，我们将品类定位为能量茶饮，为了强化能量的概念，给消费者更加天然、健康的感觉，我们提出了手摇能量茶的概念。

市场上的茶饮品牌使用动物名称来命名的较少，因此我们在品牌名称中采用了“豹”字，初定为“豹豹茶”。豹具有非常强的表现力，形象可潮、可萌，我们以“每天都需要能量豹豹”作为品牌核心广告语进行推广，同时采用 IP 来强化与消费者抱抱的关联度，但由于商标注册问题，最终品牌名称修改为“哈豹”。

茶与能量饮料能够进行组合，是因为消费人群高度重合，更重要的是两者消费情景差别较小，都带有工作、休闲属性。

当然，我们不能跨品类去创新，茶饮的品类特点非常突出，新式茶饮的消费习惯已经非常成熟，消费者的认知度和消费度非常高，而品类也在不断细分，那产品优化的要点是什么呢？答案是健康。消费者喜欢奶茶，奶茶甚至被称为“少女快乐水”。为了打造健康理念，市场上很多饮品通过改变成分和内含物，借用水果、谷物等材料来打造品牌的健康理念。我们在挖掘和打造能量茶饮市场时，自然也不会忽视其健康属性。

消费情景的创新必然带来产品创新，通过消费者对健康、天然理念的关注，我们摒弃了茶饮市场主打的添加物，采用草本提取物来制作能量茶饮，核心产品包括：玛卡鲜奶芝士饮、冰摇灵芝芝、手摇人参鲜果派对、姜黄芝士奶盖。

确定核心产品后，我们发现红牛、魔爪等品牌能带来流量，结合手摇产品的特点，我们采用调制鸡尾酒的方式来调制能量茶饮，产品包括：手摇红牛特调、魔爪龙井特调、东鹏奶盖特调。与此同时，我们还融合了咖啡元素，从此咖啡茶便成了哈豹茶的重要组成部分，以茶底泡制的手磨咖啡产品包括：龙井美式、大红袍爱上卡布奇诺、白茶摩卡乐、猫屎绿茶等。

考虑到门店运营与流量塑造，我们在产品的创意表现上做了进一步深化。首先，为了区别于传统的黑珍珠、琥珀珍珠，我们将两者进行结合，创造了爆款能量珠——豹纹珍珠。其次，强化消费者与品牌的互动，我们将器具设计成手摇能量杯，通过手摇之后发电产生光源，光源通过特殊材质产生变色效果，从而增加手摇产品的亮点。

## 哈豹

**品牌定位**

手摇能量茶

**品牌广告语**

每天都需要豹豹

**品牌表现**

**IP 形象**

打造潮流能量豹的 IP 形象，“潮萌能量，饮豹全场。”品牌以“豹豹”和“抱抱”作为载体，体现萌系、治愈系陪伴，推动品牌内容营销。

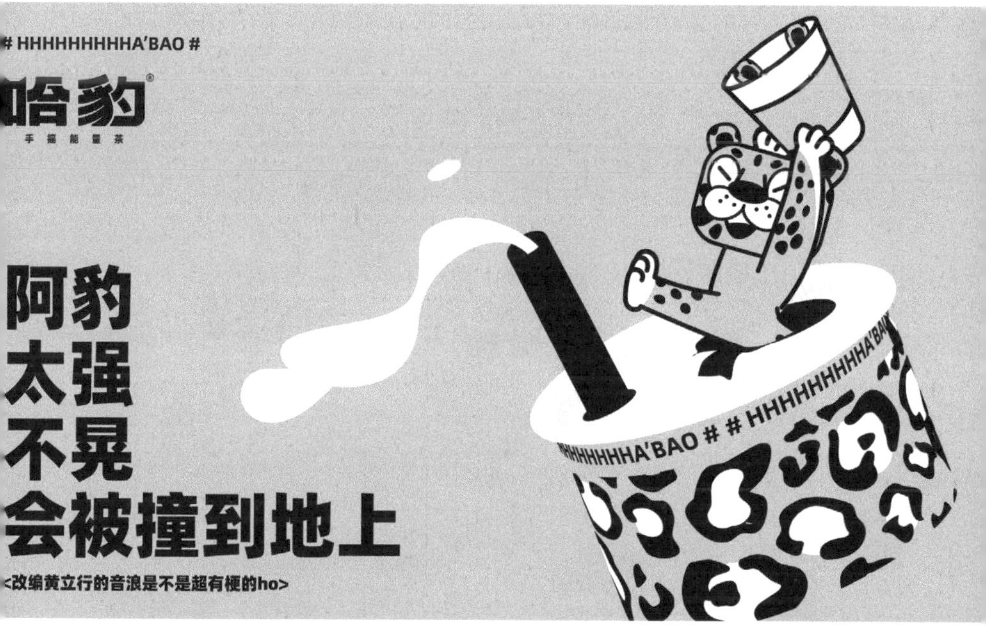

# HHHHHHHHHA'BAO #
哈豹®
手摇能量茶
阿豹
太强
不晃
会被撞到地上
<改编黄立行的音浪是不是超有梗的ho>
HHHHHHHHA'BAO # # HHHHHHHHHA'BAO


哈豹®
手摇能量茶
摇啊摇
摇啊摇
摇到外婆桥
外婆夸我好豹豹
<走不走心有没有爱上我>
外婆桥
HHHHHHHA'BAO #

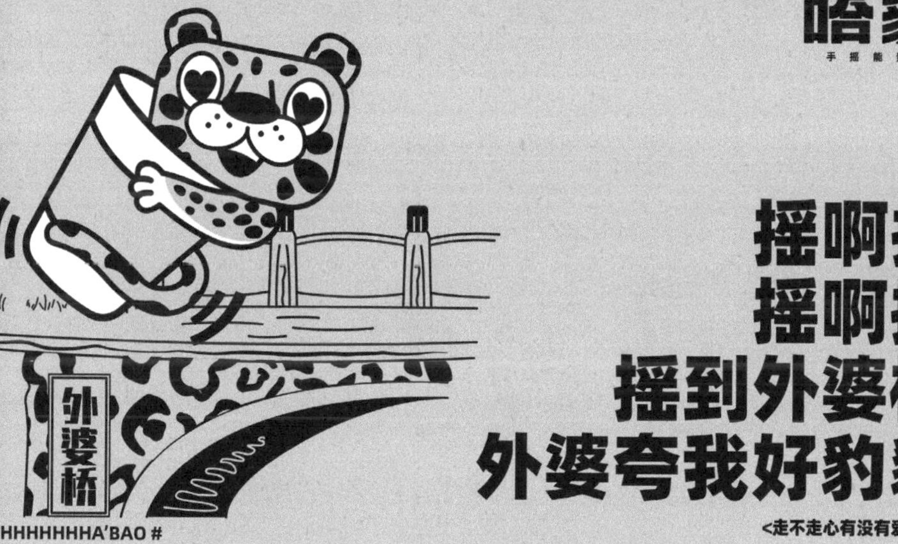

#摇回哈豹
#摇走疲惫
哈豹
还剩最后
一杯茶
哈哈哈哈
豹走了哦

哈豹

机摇只是
形式
手摇才能
走心
哈豹
豹走了哦
每天
都需要豹豹

# 摇回哈豹
# 摇走疲惫

哈豹
哈豹

哈豹
元气就是
SHAKE IT
SHAKE IT
哈豹
找个理由
豹豹自己
哈豹
甩走热量
摇出质量

形式
手摇才能
走心
哈豹
手摇能量茶

# 5 核心战略——产品场景创新

## 案例 | 中艾之家

前文分享的哈豹品牌主要是产品上的创新，是通过能量饮料和能量产品为茶饮赋能并将其品牌化的。产品创新一般会带来消费场景的变化，产品和消费场景不是独立存在的，那么如何抢占市场呢？在这里分享一个关于消费场景创新的例子。虽然该品牌不属于餐饮类，但对于我们的模式创新有借鉴意义。

“中艾之家”是青花瓷集团旗下一个全新的养生品牌。青花瓷集团作为国内知名的女子艾灸品牌，已有三百多家直营门店。而中艾之家延续了青花瓷集团的核心产品优势，打造轻简养生馆。但与青花瓷集团的女性消费者定位不同的是，中艾之家的消费者定位以男性及家庭成员为主。

经过调研我们发现，养生的需求是广泛存在的，因此我们提出消费场景创新，即“养生休闲化”“休闲养生化”。

中艾之家属于轻简养生馆，轻简养生对消费者来说是价值创新是价值创新，改变了对养生的认知。对消费者来说，养生不仅仅是通过足浴、推拿等来缓解身体疲劳。对品牌方来说拓展了消费市场，改变了消费者的消费动机，从而获得更好的运营机会。

接下来便是选品的问题，为此我们进行了大量的调研，对养生人群在市场上购买养生产品的表现进行了大致分析。

通过调研我们发现，草本类养生产品占绝对优势。草本成为消费者热衷的产品有两方面原因：一方面，在食品、饮品、化妆品中都会采用草本配方，消费者一想到草本就认为产品是健康的；另一方面，草本是中医药的核心要素。因此，我们将品类定位为“草本养生馆”。

虽然草本在养生产品上独占鳌头，但是从养生门店来看，草本的概念却从未出现。以上仅从养生的文化母体，以及核心价值“养生休闲化”的场景创新为出发点进行考虑。

大多数消费者去养生馆都是为了缓解身体疲劳，而养生的目的并不是消除疲劳，而是提升身体的“自愈力”。因此，通过草本养生提升自愈力，就是我们要塑造的认知，也是我们为消费者选择草本养生提供的理由。

为了延展草本养生的概念，我们对产品进行了深化，通过提高产品的渗透率来推动草本养生消费习惯的养成。

**产品一：携式仿生阳掌灸（随身携带的私人艾灸师）。**

通过电子波冲击人体穴位，用艾灸条注入正气，达到提升自愈力的效果。

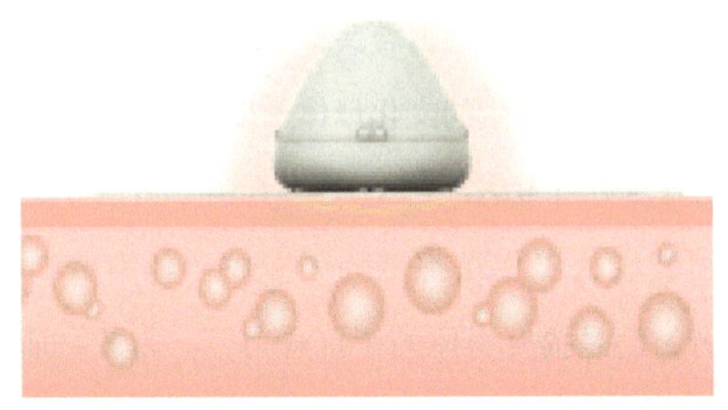

**产品二：草本膏方（日常轻养生）。**

随着养生逐渐年轻化、休闲化，养生和休闲之间有非常大的重合空间，即“休闲顺便养生，养生顺便休闲”。通过草本产品强化草本养生馆的核心概念，优化品牌，增加消费者黏性。

**产品三：草本养生茶。**

通过打造草本茶，将产品融入消费者的日常生活，从而让消费者形成认知。

对于中艾之家的品牌形象设计，我们以“家”的符号作为视觉元素，传递出放松、温馨、轻简的品牌形象。

# 中艾之家

**品牌定位**

草本养生馆

**品牌广告语**

主动健康，草本自愈

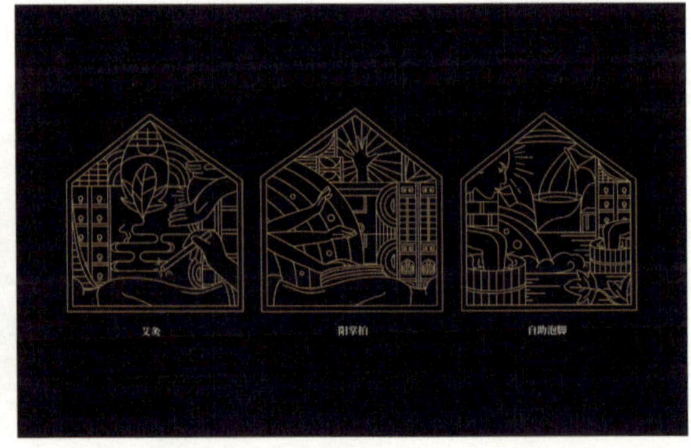

灸造艾烟
艾通人体十二脉络，
灸造艾烟辅以人体五行
怀仁德之心探中医国学之道

平和之境
凝神禅坐
思阴阳之平衡
索人体诵诀之秘
以自然草本之源注入人体
直至身心中正平和之境

中艾之家
艾灸
草本养生馆
草本养生馆
ZHONG AI
ZHI JIA

中艾之家
中艾
之家

中艾之家

## 6 品牌名称的战略

让消费者一提到某个品类就能想到自己的品牌,是每个品牌人的梦想。当客户提出这个要求时，我们总是委婉地告诉他，不是我做不到，而是品牌方做不到。首先，一个词语只有高频出现时，消费者才会记住其中的内在关联。就如记英语单词，一个单词至少需要碰见 27 次才能被记住，而这是大部分品牌都无法达到的频次。其次，消费者在做选择时，会选择自己熟悉的东西，以规避风险，通过高频出现让消费者记住的品牌，还需要广泛分布，让消费者在消费时能够及时买到。

高频出现和广泛分布这两个条件在餐饮领域很难满足，但在快消品类中是容易实现的。快消品的品牌壁垒较高，能够让一个快消品牌遥遥领先主要有三个原因，第一，品牌漏出高；第二，快消品的进入门槛高；第三，渠道布点广。

在快消品类中其销售就是产品本身，因此，消费者基于熟悉程度进行选择的倾向一旦形成，竞争对手就很难靠产品差异化来扳回一城。但餐饮领域完全不同，其产品体验丰富多样，吸引消费者的点也非常多，消费者不再基于其熟悉程度来做选择，而是更容易被新奇的东西吸引。因此，有时候品类本身就是一条护城河。

# 7 | 品牌护城河——名称保护品牌差异化

案例 | 炙度

相较其他行业和产品，餐饮领域的品牌壁垒是最薄弱的，这主要受制于产业链的现状、品牌覆盖的广度、产品专利等因素。例如一瓶绿茶从工厂生产到广告投放再到渠道，每个环节都在建立高高的防火墙，但餐饮品牌不具备这些条件，那么应该怎么保护品牌差异化呢？通过实践发现，品牌名称是塑造品牌差异化的重要工具，因此品牌商标的设计可以用来塑造餐饮品牌，强化品牌差异化。

品牌名称的塑造可分为三部分：气质、品类、价值。对于餐饮品牌来说，不同餐饮品类的气质各有不同，品牌名称的选用一旦不合适，很容易让消费者产生听起来很贵，不好吃等偏见，因此品牌名称的气质非常重要。前文分享的方乐多·方披萨案例，是一个典型的大众消费产品，我们将“欢乐”作为核心要素，彰显大众气质。从品类来说，方比萨的核心差异要素是“方”，所以，我们将“方”品牌化、商标化。因此，品牌名称需要符合品牌气质、品类特点、品牌属性以及品牌差异价值等要素。

我们在策划小火锅品牌时也是这样考虑的，“双窝”是我们帮助优亚集团策划的一个全新火锅品牌，传统小火锅的锅底便宜，可以一人食用，双窝品牌将延续这个品类特点，但核心价值和产品站位需要进一步优化与创新。为什么要打造一人食火锅呢？大火锅锅底人均消费高，且多人食用时口味选择相对较少，如果大火锅吃的是氛围，那么小火锅强调的就是一人食的自由。

我们提出一锅两味的产品主张，满足消费者对产品口味的追求。同时我们还提出“一人一锅就是爽喔”的品牌宣传语，强调“爽”的品牌体验。在选取品牌名称上，我们将一锅两味的核心元素用“双窝”（广东话中窝就是火锅的意思）一词表达出来，核心要素“爽喔”谐音“双窝”，最终形成“一人一锅就是爽喔”的品牌宣传语。

类似的例子非常多，我们在策划大连烤肉品牌项目时也是如此，玛喜达集团是一家全国领先的韩式餐饮集团，我们受邀帮他们打造全新的韩国烤肉品牌。

市面上的韩国烤肉品牌主要采用母体文化塑造方法，主打正宗的韩国料理。我们借用韩式烤肉理念，将文化切入点选定为韩国传统烤肉，因为对于韩国烤肉来说，越传统越贴近消费者。在产品模式上，我们采用“简快餐”的形式来呈现韩国烤肉。

消费者在烤肉的过程中，经常会遇到技术不熟练，火候掌握不精准以及食用后浑身都是油烟味等问题，所以我们采用明厨预烤的方式，通过专业的师傅制作烤肉，还原传统烤肉的特性，消费者可以选择进行简单的自助烤制或直接选择成品。

在品牌名称的策划上，我们采用“炙度”二字，将烤肉方式的差异化进行品牌化包装。

## 炙度

**品牌广告语**

烤肉有度，烤肉有炙度

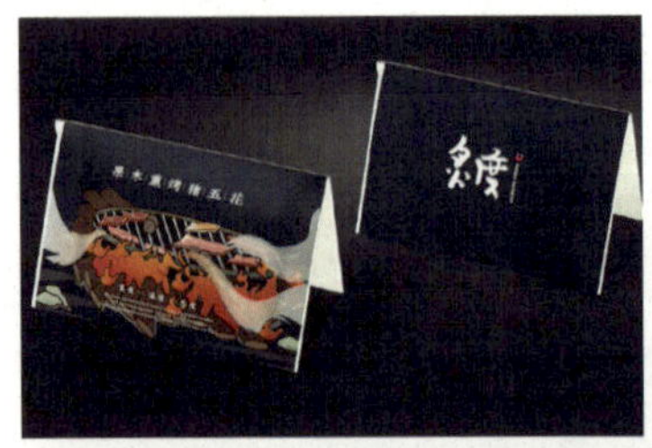

step 01
预烤
step 02
果木烤
step 03
上桌烤

韩式传统烤肉
한식
불고기
韩式传统烤肉
한식
불고기

预烤
KOREAN
BARBECUE

## 8 品牌创新——寻找未来的餐饮机会

产品创新是永恒的主题，餐饮业也不例外。相同产品的消费场景优化，相同消费场景提供更丰富、更多元的产品体验，仍然是产品创新的方向。

与其他行业不同，餐饮创新的门槛很高，新品的市场教化成本（茶饮品类除外）及产品的创新门槛都很高，所以，同质化的产品导致竞争的壁垒很低。由于产品没办法申请专利，竞争对手便能快速模仿其产品和模式。

消费者对市场总是有新的期待，创新能带来良好的市场反馈。但在品牌创新过程中，必须合理考虑创新和行业的适配性，相同产品的消费场景优化和相同消费场景的产品体验优化，是品牌创新的一个方向。优化消费场景和产品体验将会为消费者提供更多选择，进而丰富消费市场。

## 性价比的优化，是商业最终的表现形式

性价比的优化，是商业最终的表现形式。商业的价值在于不断给社会提供性价比高的产品，这点在餐饮业中也不例外。

现如今，越来越多的餐饮品牌在比试自身“内功”，纷纷在上餐速度、产品口味、服务标准、餐厅的半径覆盖范围、供应链能力、成本控制水平等方面竞争，只有更加优秀的“内功”才能提供性价比更高的产品。

很多餐饮品牌在环境体验和消费价格上大做文章，例如150元的消费环境，在产品的设计上能够涵盖60元～150元的客单，这大大提高了门店对消费者的包容性，提升了消费者的价值感，更重要的是涵盖了更广泛的消费人群，使门店获得了非常好的聚客能力。但要实现这样的性价比，对餐饮品牌的“内功”要求是非常高的，餐饮品牌要从前期投入、产品毛利、商场资源等方面进行全面推进。

## 消费场景化

消费者的24小时是品牌方必须考虑的。如今市场上出现了很多深夜食堂、居酒屋、小酒馆等，夜场消费市场不再是烧烤独大。以前北方夜场的消费市场一直以烧烤为主，南方夜场的消费市场相对丰富，我们曾经帮助深圳的“爱上意大利面”品牌做过场景化打造，其意式简餐的模式在市场上非常饱和，因此我们决定重塑品牌定位，打造意式小酒馆的品牌定位。

消费场景化的塑造必须考虑餐饮品牌的覆盖半径，比如相较于正餐市场的消费场景，夜场的消费市场相对小众，所以，我们必须要考虑半径内的消费数量和消费频次。

## 千金难买我喜欢

随着经济的不断发展，IP 已经开始进入消费市场，餐饮业属于渗透较深的行业，因此，餐饮业拥有了更好地展示空间和渠道。如今卡通 IP 形象深受年轻人的喜欢，年轻消费者为自己的喜好买单，将成为一种日常的消费场景，IP 将在餐饮业中大有作为。

# 第五章

# 品牌战地——门店及体验设计

# 1 认清客户群

餐饮的客户一般分为两大类，流动客户群和固定客户群。其中流动客户群分为绝对流动客户群和相对流动客户群。绝对流动客户群是指人流量大且流动性强的客户群体，一般分布在高铁、机场、车站、地铁口、地下流通商场等区域；相对流动客户群是指商场客户群体，由于商场的消费半径较大，客户群的流动性也相对较大，所以将其归纳为相对流动客户群。我们在做餐饮品牌时只有认清客户群，才能清楚自己的品类选址是否合适，产品结构设计是否合理。

一般来说，绝对流动客户群适合经营小吃类餐饮。高铁、机场、车站等场所适合运营能力强、标准化程度高的简餐及快餐，因此，产品的便捷程度、价格高低是产品结构设计的重点。

相对流动客户群则适合经营改善型餐饮，可以为消费者提供相对低频但价格稍高的品类，商场客户群体对于价格、便捷这些需求相对较低，所以，产品、需求和体验的改善是产品结构设计的重点。

固定客户群是指在社区和写字楼的餐饮市场客户群体，其特点是人群结构与消费场景固定，因此，该类型的产品及门店设计的重点，应针对产品的丰富度和迭代能力。如果产品结构单一，会导致消费者的黏性在品牌后期急剧下降，所以丰富产品是重中之重。

根据客户群类型打造餐饮门店，是餐饮人必须考虑的，比如，针对固定客户群的产品结构丰富度的要求，我们提出了一个“类主食”的概念。给大家分享一个案例，“禧记”是一家经营了十几年的广州茶餐厅，其社区的门店非常有生命力，核心优势就是主食产品极其丰富，这让他们在市场中一直立于不败之地，虽然其餐厅的地理位置不在大型商圈内，但是其门店仍具有极强的生命力。

所以，清楚你的客户群，是门店生命力的核心要点。

# 2 树立门店思维

随着互联网技术的发展，很多行业的产品和服务都突破了原来的消费半径，比如美甲、理发、购物等都能在线上解决。餐饮业的互联网模式同样也非常热门，由此在餐饮业出现了一些互联网的品类。

但互联网模式在餐饮业中并非百试百灵，原因在于餐饮业属于体验型行业，消费时间和空间的一致性是这个行业的特点，所以其消费半径就难以突破。即使是外卖这类借助互联网进行销售的形式，也难以摆脱消费半径的束缚，大部分品牌超过三公里就无法提供配送服务了。

本文所提到的消费半径是门店思维的基础，如果餐饮人执着于提到某个品类就让消费者联想到某个品牌，大部分是因为缺少门店思维造成的，品牌方错将快消品的运营方法运用到餐饮业。如果脱离消费半径，所有的餐饮畅想都是无根大厦。

餐饮人需要树立门店思维，做品牌运营时必须要考虑消费半径，一个餐饮不是只提取一个超级符号就可以了。

# 3 打造门头及菜单

如果企业拥有能力超强的销售员，就会让公司业绩大幅提升，而在餐饮业中，店面的门头和菜单就是销售员。

门头有“五要”即：要大、要亮、要动感、要立体、要创意。这“五要”是客户能否看见你，是否一看到店面的门头，就愿意进去尝试的重要因素。

大的门头设计给人安全感和信赖感，使消费者更愿意去尝试。门头的亮度也是增加安全感的一种形式，人的趋光性也是由安全感驱动的。而门头的动感、立体、创意则是给消费者带来新鲜感，也是吸引消费者进店尝试的重要因素。门头设计掌握了这“五要”，就相当于拥有一名优秀的销售员。

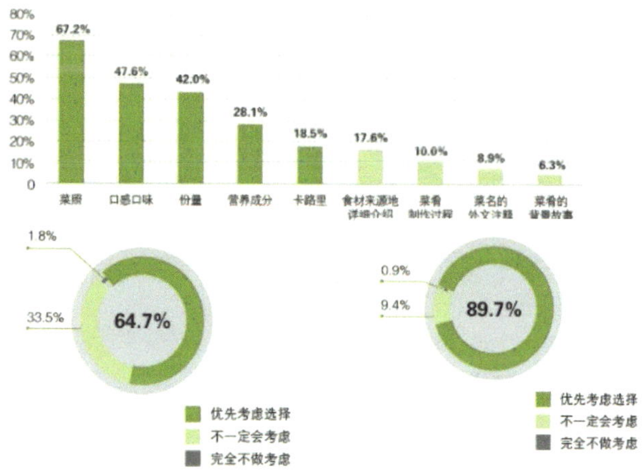


在餐饮业中，另外一名销售员就是餐厅的菜单。如上图所示，展现了消费者主要关注的问题，所以在策划蔓莳品牌时，我们在菜单设计中融入了产品、产地、营养成分、排行等要素，为消费者提供全面的信息参考，让消费者安心选择。

# 4 扩大消费场景

## 案例 | 盛唐烧

与其他行业通过细分人群和扩大市场增加产值不同的是，餐饮业很少去细分人群，餐饮业常常需要选择大众化的餐饮品类，才能达到扩大消费市场，吸引消费人群的效果。

知尖一直在帮助品牌改变消费场景，比如将消费频率低的比萨升级为消费频率高的小吃，用方比萨打造随时随地抗饿、解馋的理念，从而扩大消费场景。

而在餐饮业中，消费场景的变化除了质的变化，还有量的变化。对于传统餐饮业来说，商品定价的区间非常小，从产品结构来看同样存在非常小的价格浮动区间。以我们策划的烤肉品牌“盛唐烧”为例，烤肉的人均消费金额普遍为 100 元 ~ 120 元，而价格区间决定了一定的消费场景，烤肉更多是满足改善需求或宴请需求。对于消费半径越来越小的餐饮业来说，这样的需求频次太低。通过调研我们发现，想让消费者把烤肉作为日常用餐，关键在于价格的灵活性。

“盛唐烧”是太原自助烤肉第一品牌，其产品有得天独厚的优势，但一直没有品牌的加持。

由于烤肉品类同质化严重，消费者难以选择，为了解决这个问题，我们决定将烤肉的文化母体作为切入点，打造新国潮烤肉。一方面，我们对品牌及空间进行造梦造景；另一方面，我们以唐朝文化为出发点进行品牌塑造，同时实行灵活定价的模式。

通过调研我们发现，优质的烤肉对肉质的要求都非常高，品质较好的肉品价格在每份 70 元～ 80 元。如果消费者购买三份肉品，人均消费金额就会大幅度提高。因此，我们打造了唐朝酒肆、肉肆品类并按克售卖，价格灵活且性价比较高。

如何解决烤肉的价格高又不易吃饱的问题，让消费者既能体验到美味又不会感到囊中羞涩呢？为此我们加入了很多当地的特色主食与小吃，通过这种方法，使顾客既可以吃肉，又可以品尝当地特色食物，还不会显得菜品单一。

在品牌形象设计上，我们将品牌整体格调提高，营造出高端、大气又大众化的视觉效果，从而扩大消费场景。

盛 唐 烤 肉
盛唐烧
SHENG
TANG
SHAO

盛唐
海陆丝绸之路
A5和牛
天鹅蛋
白蚬子
红羊枝杖
白肉胡饼
北极贝
大对虾
鲍鱼
和牛牛牡蛎
和牛西冷
澳洲雪花牛肋条
厚切牛舌
雪花牛小排

## 盛唐烧

**品类**

中式烤肉

**品牌定位**

荔枝木烤肉

食在盛唐
PICKLED CERAMICS
IN THE TANG DYNASTY

美在胜唐
PICKLED CERAMICS
IN THE TANG DYNASTY

躺在盛唐
PICKLED CERAMICS
IN THE TANG DYNASTY

盛唐
海陆丝绸之路

回到盛唐吃烤肉
古陶腌制，食在盛唐
SHENGTANGSHAO

盛唐烧
盛唐烧

盛唐烧

食在盛唐
美在盛唐
躺在盛唐

SHENG TANG SHAO
唐
水陆珍馐 应有尽有
PICKLED CERAMICS
IN THE TANG DYNASTY

在盛唐

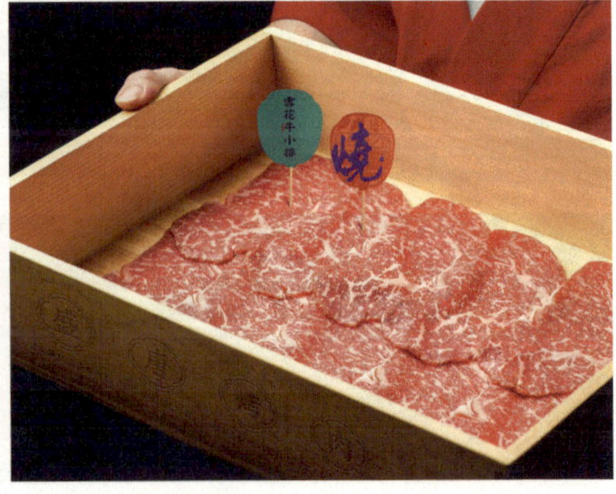

盛唐烧
SHENG TANG SHAO
烧
中
式
烤
肉
SHENG TANG SHAO

盛唐烧

# 第六章

# 品牌策划与品牌设计案例

# 1 左庭右院

## 品牌背景

“左庭右院”鲜牛肉火锅品牌成立于 2015 年，以鲜牛肉为主打产品，提倡绿色、营养、健康的新理念，形成了别具一格的风味，使品牌在激烈的市场竞争中处于领先水平。目前已开设了 80 多家直营门店，主要分布在上海、南京、杭州、苏州等地。

左庭右院以经营鲜牛肉火锅为主，品牌主要面临两方面的问题，第一，在近几年的市场发展中，潮汕文化是大部分牛肉火锅的母体文化，相同的文化格局使品牌之间的同质化较为严重。第二，牛肉火锅的成本较高，导致人均消费金额较高，消费门槛也随之提升，因此，对消费者初次尝试和再次选购都产生了一定影响。

## 产品品类战略模式

从品类的大方向来看，牛肉火锅是典型的母体共性大于品牌个性的品类，任何母体共性大于品牌个性的品类，都存在一定的得失。消费者的消费习惯都是从“尝新”开始的，母体文化的地域特色往往成了品牌的背书，随着品类不断地成熟，就要从母体共性向产品差异化进行转变。因此，我们跳出潮汕牛肉品类，在不改变口味的基础上扩大品类外延，是此次品牌升级需要解决的首要问题。

通过抽样调查我们发现，健康、高性价比是消费者比较关注的两个方面，占比接近50%，而坚持传统、正宗的占比只有10%。

考虑到火锅属于放松型的餐饮品类，好吃是消费者选择品牌的重要因素，因此，我们要进一步深化产品特性，打造好吃、健康、性价比高的品牌定位。

在品牌梳理的过程中，我们发现“新鲜”是左庭右院一直以来重点打造的品牌定位，在长期的市场经营中，得到了消费者的高度认可。基于潮汕火锅特点，我们将品类划分为“鲜牛肉火锅”，进一步加强消费者对品牌的认知。

匙皮
匙柄
新鲜肥牛
吊龙肉
新鲜牛肆

超集牛肆

## IP 形象设计

为了增加品牌与消费者的互动，增强消费者的黏性，强化品牌形象，让品牌更有传播力，我们以“牛”为设计元素，从传统文化中提取“匠心”“专业”“庭院”“大家”等概念来打造品牌 IP 形象，从 IP 端输出左庭右院品牌的经营理念和品牌特色。

IP 形态延展

## 视觉呈现

在整体视觉氛围打造和信息传达上，品牌名称中的“庭院”二字具备了强有力的传播基础。受中国的传统文化影响，人们对庭院文化的感知是非常深刻的。庭院为消费者提供的不仅是家的安全感，还是对自然情怀的追求，对传统文化的热爱。

“四方为庭，四正为院”，在表现形式上我们以“四方四正”的形式来打造品牌极具视觉差异化的庭院文化。

在品牌色彩的选择上，延续了左庭右院原形象的红色系，使品牌视觉保持一致性，同时采用绿色作为辅助色，塑造自然、新鲜的视觉感受，打造中式庭院的环境氛围。

左庭右院
超
集
牛
肆
左庭右院
ZUO TING YOU YUAN
ZUO TING YOU
牛肉鲜鲜鲜肆方
庭院深深深几许
鲜牛肉火锅

吃火锅
还是鲜的好
左庭
右院
庭院深深深
牛肉鲜鲜鲜肆方

左庭
右院

左庭
右院
鲜牛肉火锅

左庭
右院
鲜牛肉火锅
上海左庭右院企业管理有限公司
左庭右院川沙百联店 NO.0001

左庭
右院
鲜牛肉火锅
ZUO TING YOU YUAN
郑坚
董事长 CEO
T:18765431234
E:UMAMI HOT POT@google.com
上海左庭右院企业管理有限公司

左庭右院
鲜牛肉火锅
头牌是牛肉
ZUO TING YOU YUAN
巴马
NEW
泉水冬瓜
左庭
右院

左庭右院
YOU YUAN

左庭
右院
鲜牛肉火锅

左庭
右院
ZUO TING YOU YUAN
鲜牛肉火锅

左庭
右院
鲜牛肉火锅
ZUO TING Y

左庭
右院

左庭右院
糖 水 铺
左庭
右院

左庭右院
糖 水 铺

左庭右院
糖 水 铺

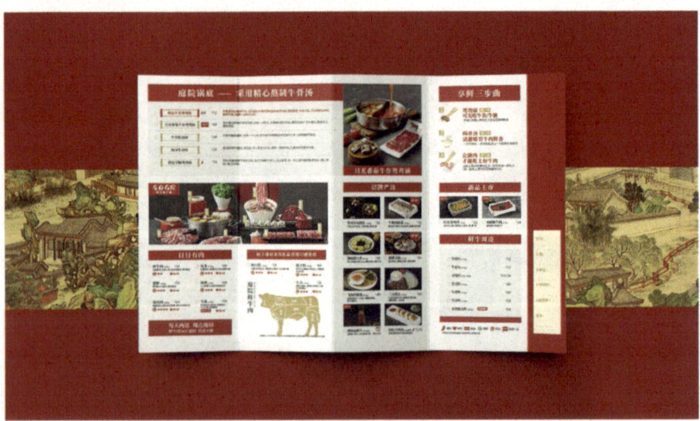

牛肉

刀工讲究

左庭右院
—鲜牛肉火锅—
牛肉铺
左庭
右院
鲜牛肉火锅

鲜牛肉火锅
庭院烤牛串

左在
右院

# 2 牛务派

## 品牌背景

“牛务派”是康师傅携手知尖共同打造的一个新品牌。近年来以酸菜为元素的餐饮市场日益壮大，我们结合康师傅对牛肉行业的深入了解，创新出“酸菜 + 和牛”的餐饮组合方式，建立新品类，打造更有价值的酸菜产品。

## 品牌塑造

品牌塑造需要结合文化母体，我们从文化母体中提炼品牌载体，从而提高消费者的感知度，扩大品牌影响力。

品牌方十分注重牛肉的品质，从澳洲引进高品质和牛，结合酸菜食材，打造国民牛肉新品类“酸菜和牛”。

虽然“酸菜+和牛”的组合，更像西食中用，但康师傅作为国内餐饮市场巨头，一直秉承着创新、诚信、务实的品牌运营理念。于是，我们在品牌名称上融合其品牌运营理念，将品牌名称命名为“牛务派”，彰显品牌核心价值。

为了让牛务派品牌更加具有传播力，知尖为品牌设计了一个核心符号，把年轻人的“造”文化，以趣味性的方式传播，直击年轻消费群体的内心需求，吸引年轻消费群体的关注。

为了给消费者营造好吃、酸爽的体验，我们设计了“造爽”的情感符号，通过独特的设计风格，与市面上同类产品进行区分，增强消费者对品牌的认知。

## 产品结构创意

针对“小吃、小喝”的消费需求，我们采用明档的形式，打造出和牛进口局、炖务所、江南小吃制造局、茶饮招商局等品类，以此来丰富牛务派产品结构。通过透明化的厨房管理方式，让顾客吃得放心，同时还增加了品牌与消费者的交互性。

除此之外我们还引进了“餐饮＋零售”的模式，建立了“炖务研究所”区域，为顾客提供牛骨汤料及酸菜等产品，使餐厅服务更加多元化。通过这样的产品策略，牛务派的门店实现了拉伸客单区间，进一步提升了门店运营能力。

## 品牌表现

为了让品牌更具传播力，我们设计了“酸爽制造局局长”——“牛局”这一卡通 IP 形象。这是一只黑毛品种的澳洲和牛，所以在视觉设计上，我们将黑色作为主色调，搭配金色，同时融入筷子、眼镜等元素，表达美食家、匠心、专注等概念，使 IP 形象更符合品牌调性。

## 视觉呈现

在空间设计上，我们围绕精致感、仪式感、体验感为主题进行设计，优化用餐体验，通过空间设计打造消费者对品牌的记忆点。

**品牌广告语：**

酸菜和牛，造爽一派

酸菜和牛
牛务派

酸菜和牛 造爽一派
# NIU WOO PARTY #

"漂洋过海，舌尖味巅。"
# NIU WOO PARTY #
和牛进口局

NIU WOO PARTY
"不喝奶茶，年轻做什么？"
# NIU WOO PARTY #
奶茶逍遥局

"大火高汤，一世炖务。"
# NIU WOO PARTY #
炖务局

"打从江南走过，你就再没有饿过。"
# NIU WOO PARTY #
江南小吃制造局

NIU WOO PA
RTY IS OPEN
酸菜和牛

和牛进口局
江南小吃制造局
炖务局
奶茶逍遥局

RTY IS OPEN
老佛爷说
造起来吧
牛务派
NIU WOO PA

NIU WOO PARTY NIU WOO PARTY
牛务派
開 动
吃 喝
NIU WOO PA WOO PARTY

PARTY NIU WOO PA

BRAND VISUAL IDENTITY SYSTEM

牛务派
JOIN US
总经理一名
收银员三名
服务员三名

牛务派
酸爽制造局

I'M COMING SOON
牛务派
牛务派
"漂洋过海，舌尖味蕾。"
#酸菜和牛 造爽一派#
"不喝奶茶，年轻做什么？"

NIU WOO PARTY IS OPEN
五月十日
開造
造起來
牛务派

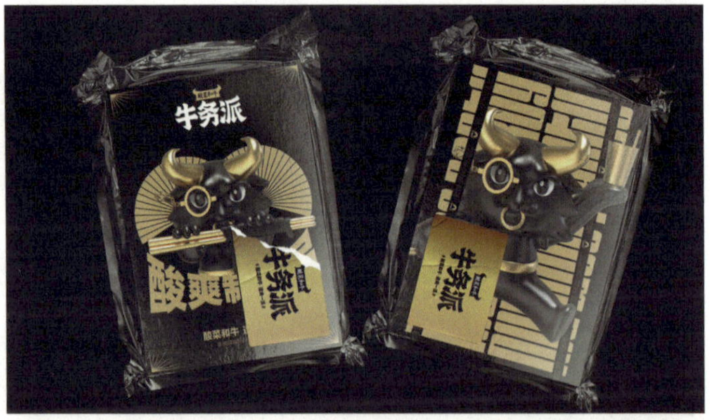
牛务派
酸爽制
牛务派
酸菜和牛
牛务派

和牛进口局
# 舌尖の和牛 #
牛务派
酸爽制造局
# 舌尖の酸菜 #
牛务派

牛务派
牛务派

NIU WOO PARTY

# M5和牛 #
造
NIU WOO PARTY

造
牛务派
造
# NIU WOO PARTY #
酸菜
和牛
NIU WOO PARTY
和牛"

造

NIU WOO PARTY

牛务派
造
酸菜和牛

江南小吃制造局
奶茶道遥局
“酸菜和鱼不如酸菜和牛”

# 3 | 小白菜

## 品牌背景

“小白菜”品牌的主理人曾在南京开设了 20 家高端商务酒楼，品牌方希望将高档酒店的美味菜品提供给大众。怀揣着“将高端料理做成大众精致餐饮”的想法，品牌方找到我们，希望将这个想法付诸现实。

## 产品结构

我们以地方菜系为突破口，通过丰富的菜品、实惠的价格结合小白菜的品牌属性，提出“优选家常菜”的概念，打造地方菜系集合品牌，与单一的地方菜系品牌区别开来。

我们从源头开始挖掘传统的地方菜系，结合拥有较大客流量和订单量的地方菜系品种，分析目前地方菜系的商业模式所存在的问题，以及品牌自身的状况和定位。最终，选取淮扬菜、粤菜、徽菜和川菜作为小白菜的主打品类。

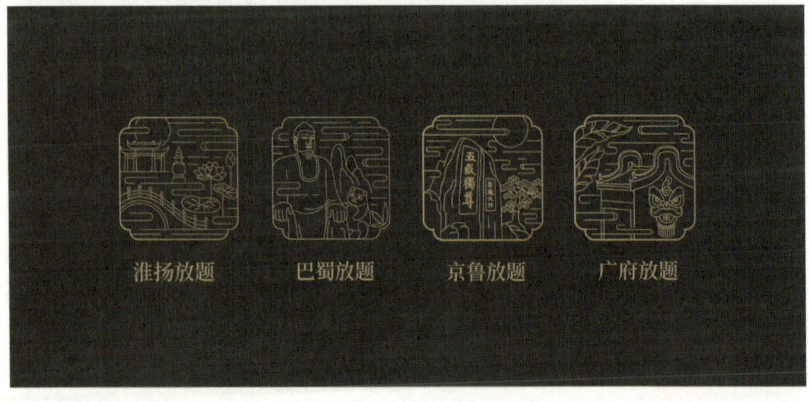

## IP 形象设计

为了更好地展现小白菜品牌，加强品牌传播力，我们采用 IP 形象设计的手法，进一步塑造品牌视觉呈现。我们将白兔与小白菜的形象进行结合，打造出尝遍过九州美味的“官兔”形象。

小白菜
优选家常菜

百味菜，小白菜

小白菜
九州味

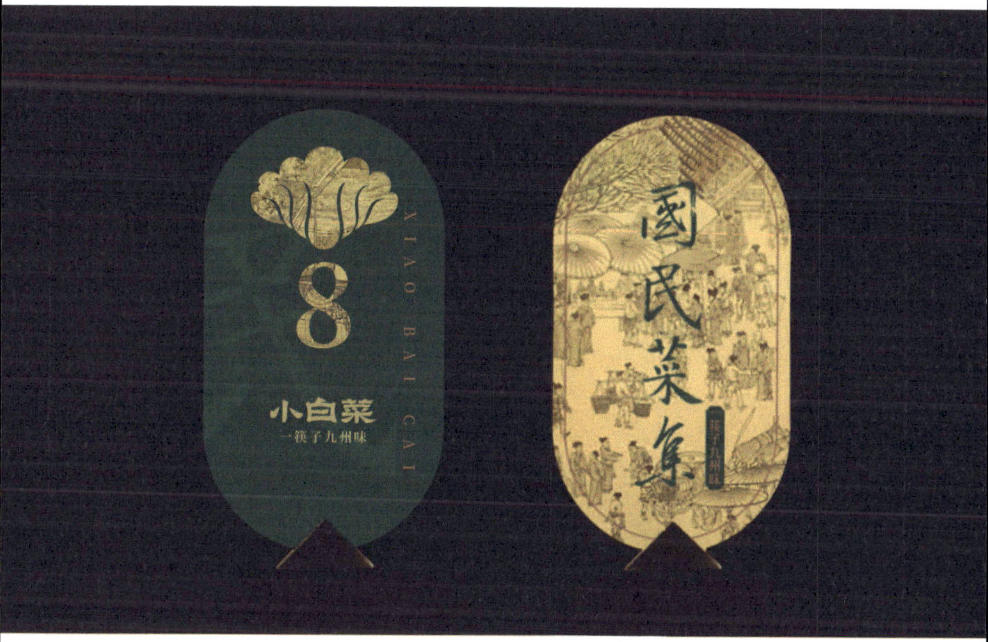
8
XIAO BAI CAI
小白菜
一筷子九州味
國民菜集

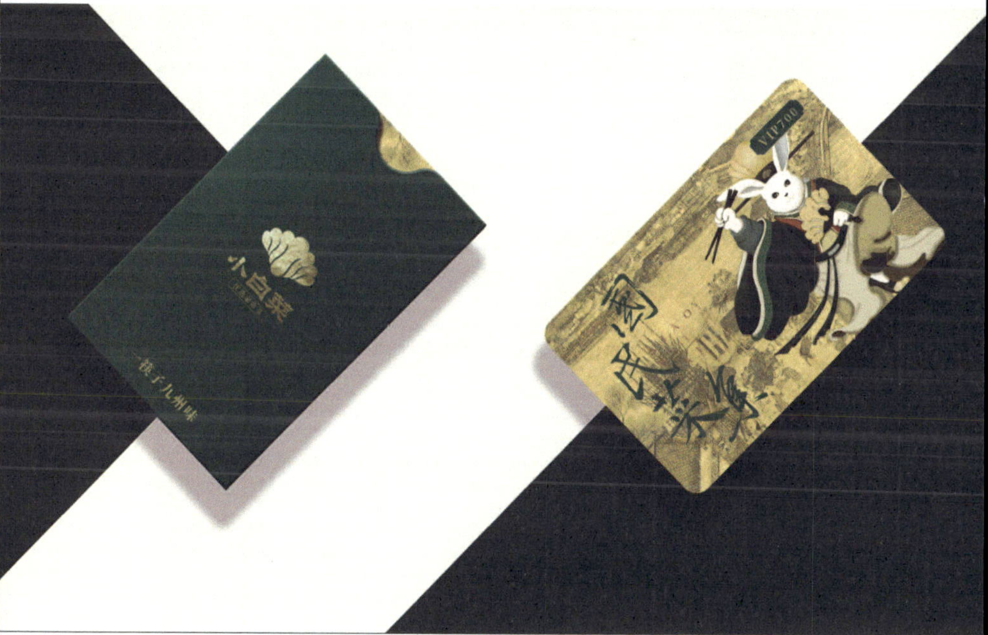
小白菜
一筷子九州味
VIP700
國民菜集

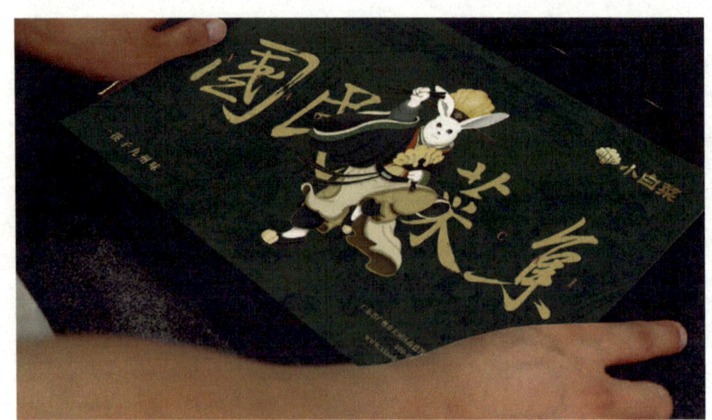
小白菜

XIAO
BAI
CAI

20元
优惠券/COUPON
XIAO BAI CAI
一筷子九州味

一筷子九州味

# 4 本草膏集

## 品牌背景

“本草膏集”品牌成立于2017年，以养生膏饮为主打产品，在传承古方膏滋工艺的基础上，对产品进行改良、优化和升级。随着市场与品牌的发展，品牌方难以与同类产品拉开差距，形成明显优势，所以，进行品类细分和品牌升级迫在眉睫。

## 企业核心优势与劣势

品牌方掌握独家的紫铜锅古法熬制工艺，在现代化生产体系的帮助下，有效地构筑了产品壁垒。同时产品采用药食同源的配方，使膏饮的口感进一步优化，与同类产品形成显著的差别。

然而品牌面临的最大问题是，缺乏区别于同类产品的感知点，难以让消费者进行初次选择。因此，我们需要从产品出发，挖掘品牌的独特优势。同时，根据消费者的认知逻辑进行品牌呈现。

## 品类战略

随着全民健康意识增强，养生日趋年轻化。结合市场情况，我们决定围绕传统膏饮和常规饮品建立品牌“新食尚”的饮品概念。

品牌的膏滋有药食同源的优势，能同时兼顾口味与功效。因此，我们从产品特点中提炼出“轻养生”的概念。

## 品牌表现

视觉设计风格：清新、中国风。

话题营销：新潮轻养生。

八道工序
选
XUAN
制
ZHI
洗
XI
泡
PAO
熬
AO
煎
滤
收
SHOU

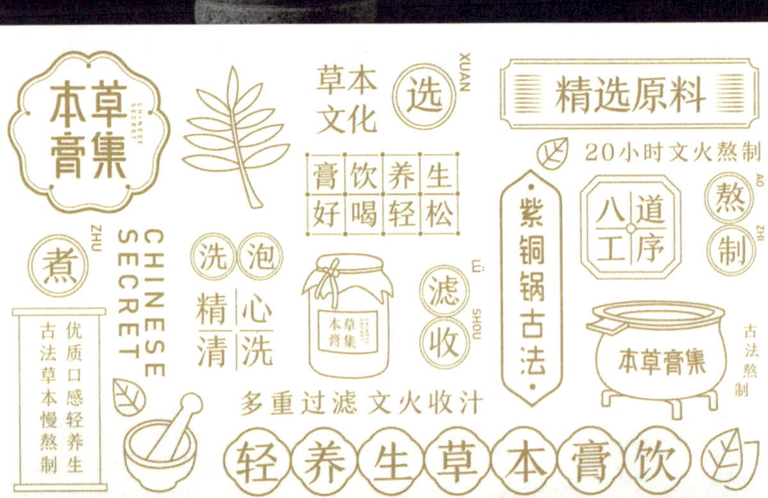
本草膏集
CHINESE SECRET
草本文化
选
XUAN
精选原料
20小时文火熬制
膏饮养生
好喝轻松
紫铜锅古法
八道工序
熬
AO
制
ZHI
煮
ZHU
CHINESE SECRET
洗 泡
精心
清洗
本草膏集
滤
LÜ
收
SHOU
本草膏集
古法熬制
优质口感轻养生
古法草本慢熬制
多重过滤 文火收汁
轻养生草本膏饮

·轻养身草本新青饮·
CHINESE SECRET
本草
膏集
CHINESE
SECRET

本草
膏集

枣仁恬梦饮
秋梨细润饮

CHINESE
SECRET.
Content
Unartificial
Popular
轻养生草本膏饮

CHINESE
SECRET.
Content
Unartificial
Popular
轻养生草本膏饮

CHINESE
SECRET
Content
Unartificial
Popular
CHINESE
SECRET.
绣绒清湿膏
绣绒清湿膏
轻养生草本膏饮

CHINESE
SECRET.
Content
Unartificial
Popular
CHINESE
SECRET.
怀姜和暖膏
轻养生草本膏饮

CHINESE
SECRET.
Content
Unartificial
Popular
CHINESE
SECRET.
茯苓七白膏
茯苓七白膏
轻养生草本膏饮

CHINESE
SECRET.
Content
Unartificial
Popular
CHINESE
SECRET.
茯苓七白膏
轻养生草本膏饮

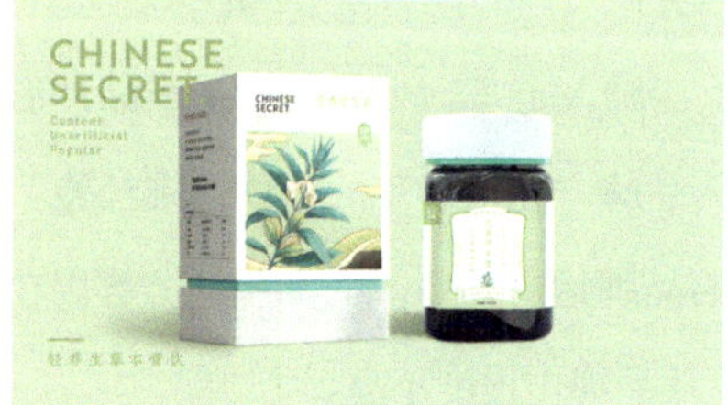
CHINESE
SECRET.

CHINESE
SECRET.

# 5 兜兜包

## 品牌背景

“兜兜包”品牌的核心产品是将汉堡和肉夹馍组合起来的新式餐品，品牌方拥有较强的市场运维经验和产品研发体系。但作为初入市场的新品类，品牌方首先需要解决的是品牌认知的问题。

## 企业核心优势与劣势

在产品端，品牌方联手亚洲最佳女厨师 May Chow 一起打造产品，形成了稳定的产品迭代机制。在运营端，品牌方凭借多年的餐饮运维经验，拥有供应链、培训、产品落地等完善的品牌运营体系。而品牌的劣势则在于产品概念不清晰缺乏明确的卖点，以及品牌化程度不高。

## 品类战略

新品类进入市场首先要塑造消费者的认知，对于该品牌来说，“中式肉夹馍”和“西式汉堡”是核心元素。品牌认知的基础是肉夹馍和汉堡，而品牌认知的困局也是肉夹馍和汉堡。

结合年轻消费群体对休闲、轻奢的需求，我们将品牌认知的塑造聚焦在汉堡上。同时我们注意到，大部分消费者对汉堡类食品有不健康、品质低的认知。从汉堡的原料解析中我们发现，大部分汉堡都采用肉馅制饼，从而降低产品成本，但也降低了消费者对产品的口味体验感和价值认同感。因此，这成了品牌突破的关键点。

我们打破“餐包肉零碎，整块肉太贵”的困局，提出“扒房品质”的概念，以具有可视性和感知性的整块肉扒作为餐包核心原料，增加消费者对品牌的认同感。

## 产品表现

强化产品原材料和扒房品质的概念，进一步明确品牌的核心价值点。同时采用明档现煎的形式，利用可视化厨房管理模式拉近与消费者的距离，增加消费者对品牌的信赖感。

## 品牌表现

打造治愈系兜兜熊猫的 IP 形象，借助 IP 形象形成话题营销，达到传播品牌的效果。

同时我们以轻奢作为塑造标准，确定产品价格和空间设计效果，从而提高品牌的价值感，提升消费者对品牌的感知度。

BIG BAO
BIG BAO
BIG BAO
BIG BAO
BIG BAO

兜兜
星球
一个形似HAMBURGER的行星存在于宇宙的某个地方
名为兜兜星球

星球上居住着一群高级智慧生物，
人类称呼它们为兜兜，
它们的任务是持续不断的制作BIGBAO，
用以给整个星球提供能源。
?

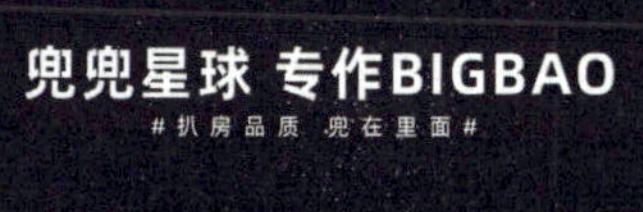
兜兜星球 专作BIGBAO
#扒房品质 兜在里面#

BIGBAO
BAO
兜兜包

BIGBAO
BAO
兜兜包
扒房品质 兜在里面
- MADE IN BAOSTAR -

BIGBAO

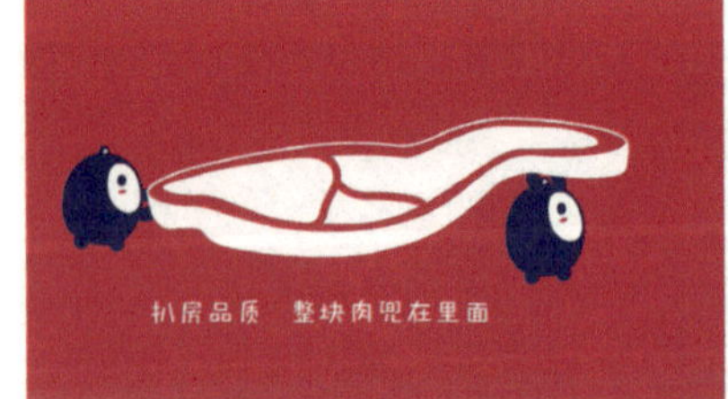
扒房品质 整块肉兜在里面

扒房品质
兜在里面
BI AO

BAO
兜兜包
扒房品质 兜在里面
- MADE IN BAOSTAR -
一款包搭配你
一天的好心情
BIGBAO
搭配你一天的好胃口

BIGBAO
BAO
兜兜包
扒房品质 兜在里面
MADE IN BAOSTAR
在治愈这件事上，
BIGBAO和HERMAS是一样的

BIGBAO
BIG BAO

两块兜兜
夹无限可能
BIGBAO

兜兜包
整块肉
兜在里面
BIGBAO
BAO
兜兜包
扒房品质 兜在里面
MADE IN BAOSTAR
#扒房品质 兜在里面#

BIGBAO
BAO

BIGBAO
BAO
兜兜包
扒房品质 兜在里面
— MADE IN BAOSTAR —

扒房品质
兜在里面
BIGBAO

BIGBAO
BAO

# 6 洪门酱酒

## 品牌背景

“洪门酱酒”是珠海丰盛行进出口贸易有限公司，与世界洪门历史文化协会后作运营的白酒产品。洪门酱酒采用植物埋藏法技术专利，由酱香国酒大师梁明锋先生研发和监制。作为新进入市场的品牌，需要实现从零售到品牌化的转变。

## 企业核心优势与劣势

借助世界洪门历史文化协会的营销渠道，品牌方在销售方面拥有绝对的竞争优势。梁明锋先生和国威酒业的加入，进一步稳固了品牌的产品价值。由于品牌存在概念定位不清晰的问题，导致品牌进入市场初期推广受阻。

## 品类战略

品牌若想从诸多同类产品中突围，其产品就要具备独有的特点，才能让消费者产生信任感和依赖性。

在品牌架构梳理过程中我们发现，品牌方采用植物埋藏法的制酒技术是非常重要的产品价值元素，但植物埋藏法对于消费者来说没有认知基础，因此我们以“根茎埋藏，源生酱香”的品牌概念，让消费者对产品有更直观的理解，从而形成品牌认知。

酒作为有情感属性需求的消费品，需要有成熟的文化体系作为其价值支撑，而洪门历史文化协会就是最好的价值来源，基于此，我们对洪门文化进行了深度挖掘。

通过对品牌文化的挖掘与梳理，我们发现洪门酱酒已形成了以“义”为主题的文化价值，因此在产品塑造方面，我们通过“义”向消费者传达积极的品牌文化，如“大义”“公义”“仁义”“礼义”“情义”等。“洪门之义，身上有热血，心中有热爱”，而“热爱”“热血”正是品牌需要树立的消费者价值，因此我们以“热爱”“热血”“义”为支点对品牌文化进行塑造。在产品呈现方面，则以“源生”为主题，打造源生酱香、大师酿造、持久留香等特点。

## 品牌表现

酒类产品是一个具有情景延展性的品类，我们结合洪门酱酒品牌“热爱”“热血”“义”的品牌文化，进行品牌表现。

洪門
醬酒
国酒大师梁明锋先生监制

世界洪门历史文化协会荣誉出品

洪門
醬酒
洪門
醬酒

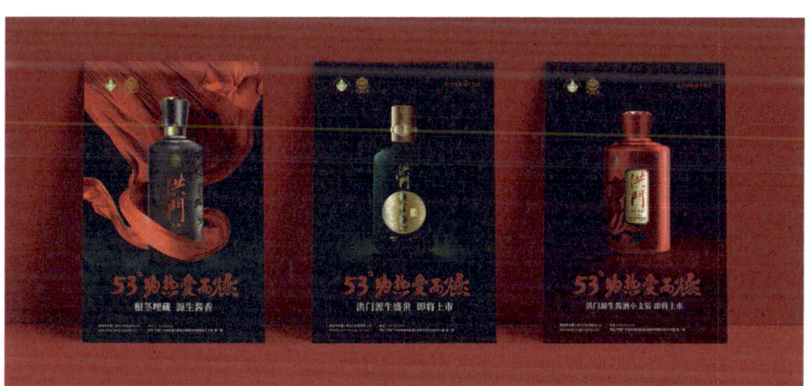
53°为热爱而燃
根茎埋藏 源生酱香
53°为热爱而燃
洪门源生盛世 即将上市
53°为热爱而燃
洪门源生酱酒小支装 即将上市

ENTHUSIASTIC INVESTMENT
洪门醉九州 合作赢天下

根茎埋藏 源生酱酒
53°为热爱而燃
洪门源生酱酒品牌招商发布会

# 7 蒙斯莫吉托

## 品牌背景

“蒙斯莫吉托”品牌是一家位于天津的日间饮品店，主要售卖以莫吉托为主体的各类鸡尾酒。其凭借产品独特的口感，快速占领了市场。因此品牌方逐步增加门店数量，形成连锁品牌。由于受消费者对品类认知的限制，重塑品类概念成为品牌首要解决的问题。

## 企业核心优势与劣势

蒙斯莫吉托的产品特点突出，并具有独特的口感，从而吸引了消费者的注意力。同时其在产品上有一定程度的壁垒，因此，在同类产品中具有较强的竞争优势。

然而品牌面对的核心问题是，大部分消费者对莫吉托的概念比较模糊，仅有的认知是消费门槛偏高，因此，给品牌扩张带来了非常大的阻力。

## 品类战略

对于品类而言，我们需要解决的是产品认知问题，并完成从“含酒精的饮品”到“日常饮品”的观念转换。

莫吉托是著名的朗姆调酒之一，拥有味道清新、口感通透、气味怡人等特点。随着产品的发展，莫吉托研制出多种不含酒精的配方，同时莫吉托作为朗姆调酒的衍生品，具有浓厚的鸡尾酒文化气息，与产品清新的口感形成强烈的冲突，容易塑造产品认知。

在当下的饮品市场，含酒精的饮品和饮料是完全分开的，前者格调高、价格贵，后者价格实惠，而莫吉托则综合了二者之长，属于价廉物美又具有文化底蕴的新式饮品，由此我们对品类有了清晰的定位。

## 品牌表现

在品牌视觉元素上，我们借用了文森特·威廉·凡高的形象和列奥纳多·达·芬奇创作的油画作品《蒙娜丽莎》，作品中的形象进行再创作，吸引消费者的关注。

Meng's
蒙斯莫吉托
MENG'S MOJITO

MOJITO
MOJITO
MOJITO
MOJITO
MOJITO
蒙斯莫吉托

Meng's
蒙斯莫吉托
MOJITO

Meng's
MOJITO

蒙斯莫吉托
Meng's

蒙斯莫吉托
MENG'S MOJITO

Meng's

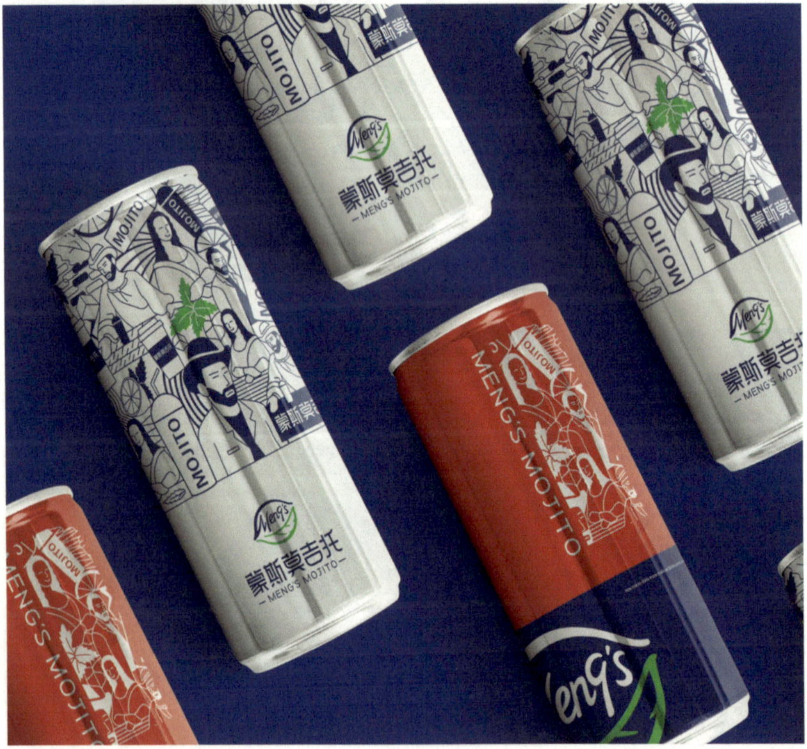

Meng's
蒙斯莫吉托

Meng's
Meng's
Meng's
Meng's
蒙斯莫吉托

Meng's
蒙斯莫吉托
Meng's
蒙斯莫吉托
天生热烈
一口清新

蒙斯莫吉托
天生热烈 一口清新
COMING SOON
即将开业 敬请期待

# 第七章 知尖的工作方法

# 1 向事学习的能力

经常有人感叹，你超越了众多竞争对手，成了行业巅峰，最后却被行业抛弃。“永葆青春”的要义是向事学习，而知尖的工作方法就是向事学习。以品牌策划为例，知尖一直秉承以门店思维来策划餐饮品牌的理念，而门店思维其实就是向事学习的成果。

做品牌必须要研究心理学，我们要共情、要渲染、要暗示，通过事情去研究人，通过具体的场景来体会人的心理，与消费者形成统一的认知，从而打造符合消费者需求的店面和品牌。

对于餐饮业来说，消费者的收入、教育背景、居住位置、心理动态、社会关系等，都决定着消费者的用餐选择，而品牌则可以帮助品牌方吸引消费者，但无论概念怎么包装，品牌如何高大上，想要消费者记得你、选择你、传播你，就需要坐在门店里面去感受、去体验。

知尖的所有认知模型、入口打造均来自门店，来自向事学习，而不是经验主义。品牌吸引消费者的方法有很多，但最终还是要回归到向事学习上来。

# 2 知尖的说服力模型

说服力是一种科学的沟通方法，它能将信息以准确、合理的方式呈现出来，是提高沟通效率的一种重要途径。

在会议和沟通场合中，经常会出现一种情况，一群人讨论了几个小时，每个人都在表达自己的想法，但沟通之后却没有形成有效结论，这就是缺乏说服力的表现。有说服力的沟通，能让人快速辨别出观点的真伪和优劣，而缺乏说服力的人，其思想容易被人左右。

为了将说服能力化，我们将要传达的信息划分为以下几种：

1. 数据（包含趋势以及宏观的论调）；

2. 事实（包含所见所闻、体验、感受等）；

3. 逻辑（包含自然规律、行为惯性、心理惯性等）；

4. 创意（演绎能力，呈现能力）；

5. 角度（事物的不同方面）。

我们在表达任意一个观点时，都可以从上述几个方面进行。大部分人都有自己的沟通偏好，比如有些人喜欢从宏观角度阐述观点，有些人喜欢谈论自身体验，有些人喜欢分析背后的逻辑，有些人喜欢天马行空地表达对事物的理解。在此我们不进行同纬度的优劣比较，主要分享不同沟通形式的差异。

我们以数据为例，数据能让谈话高屋建瓴，容易吸引人的注意力，但是在说服级别中相对较低。数据最容易被局部个例打败，比如某人在高谈阔论火锅市场潜力巨大，这时只要有人列举一个反面例子或分享一个自己的亲身体验，数据的理论就会被打败。因此从自身的某个角度或经历进行分析，更容易引导谈话方向，因为其细节更加具有信赖感，更能规避风险。

事实总是经不起逻辑和规律的考验，要想不被事实左右，就必须认真分析事实背后的逻辑和规律，才能快速避开事实论调的旋涡。而创意只能作为我们论述的补充，一般难以独立成型。如果一个观点从数据、事实、逻辑都非常完整，同时还附加创意元素，这时我们就需要将角度作为切入点，因为角度可以颠覆一切。

我们在论述的时候需要遵循的原则包括：选取事情的角度，分析数据和趋势，检验事实，寻找背后的逻辑，增加创意元素。

在说服力模型中，趋势 < 事实 < 逻辑 < 角度，虽然这里面没有创意，但是创意的威力巨大，因为一个好的创意，有时候不用讲道理。

# 致　谢

知尖一路走来，得到了众多同仁和餐饮人的关注和支持，对此我们深表感谢。六年来，有 300 多个品牌与知尖共同成长，正是大家的信任与支持才成就了知尖。

虽然任重道远，但一路上知尖伙伴们的相伴难能可贵。每一个品牌从数据研究到事实考证，从心理抓取到创意表达，都是大家用汗水谱写的优异成绩，对此深表感谢。

感谢我的搭档梁益先生，他对每一个作品的视觉表现都精益求精，我们一起创作了很多优秀的作品，成了默契十足的搭档，在本书的写作过程中，梁益先生提供了很多素材和帮助。同时感谢搭档何亚龙先生、汪玲女士，多年来大家携手共进、寻求创新、创造辉煌，在本书编写过程中，他们给予了很多建议和支持。感谢在策划上给我帮助的孙月宇、王喆、李蔚，以及在视觉设计上给我帮助的袁莉、陈世仁。

书中仍有很多不足之处，还望大家多多指正。

**读者服务**

读者在阅读本书的过程中如果遇到问题，可以关注“有艺”公众号，通过公众号中的“读者反馈”功能与我们取得联系。此外，通过关注“有艺”公众号，您还可以获取艺术教程、艺术素材、新书资讯、书单推荐、优惠活动等相关信息。

扫一扫关注“有艺”

**投稿、团购合作**：请发邮件至 art@phei.com.cn。